心理学を学んだお坊さんの

幸せに満たされる練習

井上広法
Inoue Kobo

永岡書店

はじめに

仏教+心理学+科学からわかったこと。「幸せ」は自分でつくることができます

「幸せになりたい」という思いは、人類が誕生して以来、ずっと持ち続けてきた願いのひとつです。時代や地域や文化を超えて、**私たちは「幸せ」を探し続けている**といってもいいかもしれません。

ところが「幸せとは何か」を問うとき、その答えはまさに十人十色です。お金がたくさんあること、仕事で成功すること、地位や名誉を得ること、人に愛されること、夢を叶えること……。人により答えはバラバラで、しかも、**それが自分にとって真の幸せなのか**は、たやすくわかりません。まるで人生をかけて、自分だけの「幸せ探し」をしているかのようです。

漠然としているぶん、この本を手に取った方のなかには、途方もない迷路に入り込んで、幸せ探しに疲れてしまった人もいるかもしれません。

そもそも、幸せというのは「求めるもの」ではなく、「与えられるもの」だと考える人もいるでしょう。「幸運」というように、幸せは巡り合わせにより、たまたま運ばれてくるものという考えもあるくらいです。

しかし、仏教ではそうは考えません。『ジャータカ』という仏典のひとつに、次のような言葉があります。

幸せは自分でつくる。不幸せも自分でつくる。
幸せも不幸せも、まったく他人のしわざではない。

お釈迦様はこのように、幸せも不幸も自分自身がつくり出すものだとおっしゃっているのです。

また、最近では科学の知見からも非常に興味深いことがわかってきました。ポジティブ心理学の幸福の実証研究で知られる、ソニア・リュボミアスキー博士の研究によると、**幸せには自分の意思が大きく関わる**という結果が報告されています（26ページ参照）。

つまり、およそ2500年前に始まった仏教でも、最新の心理学や科学でも、**「幸せは自分でつくれる」**と明言されているわけです。

この本は「幸せになる」ための練習帳です

では、具体的に、何をどうすれば幸せになれるのでしょう？

その実践法を**誰にでも簡単にできる「幸せになる練習」**として紹介するのが、この本の目的です。

「幸せ」とは多くの人にとって、モヤモヤとした実体のないものでしょう。ところが、仏教とともに、最新の心理学や幸福学から考えていくと、**人の心が幸せに満たされるには、いくつかの要因があること**がわかってきました。

この要因をひとつずつ考えていくとともに、「練習」で体験をしながら実践していくわけです。つまり……

幸せはトレーニングすれば、確実に高めていける

ということです。幸せというほんわかとしたイメージからすると、意外だと感じる方のほうが、多いかもしれませんね。

この幸せの要因をわかりやすい形にした『お坊さんのハピネス・トレーニング』というワークショップを私は2014年から行ってきました。

私は京都の佛教大学で仏教を学んだのち、東京学芸大学に入り直して臨床心理学を学びました。ひょんなご縁からテレビに出演するようになったことでも、変わりダネといわれている僧侶です。

自分のフィールドである仏教、そして心理学から「幸せ」について考えるにあたり、幸福についての研究者として知られる清水ハン栄治氏、慶應義塾大学大学院の前野隆司教授から、最新の幸福学について、さまざまなことを教えて

いただきました。

そうして学んできた「幸せの要因」について、**難しい勉強をしなくても、「練習」という体験をもって心で感じてもらうこと**が、この本のテーマです。

幸せを目指すうちに仏教を体験できる新スタイルの仏教の入門書でも

もうひとつ、この本には隠れた特徴があります。それは、この本には仏教の言葉や例えはたくさん出てきますが、仏教とは何ぞやという肝心な知識については、じつはほとんど語られていないという点です。

「僧侶のくせに」というお叱りの声が聞こえそうですが、この本を読んで「幸せになる練習」を実践していただくことで、頭ではなく心で、自然と仏教への理解を深めることができるはずです。

お釈迦様は「幸せは自分でつくれる」とおっしゃいました。では、**お釈迦様が目指した究極の幸せとは？　じつはそれが「仏教」そのものなのです。**

私たちは「幸せ」に迷い、多くの誤解をしてしまいます。そこで、わかりやすい科学的な知見から幸せの要素を分け、それに基づいて練習をするわけですが、その要素はすべて、仏教の考えにつながります。

仏教に触れる機会が、お葬式くらいという方も多い現代。**最新の幸福学を実践しながら、仏教について知る**という、あまり例がない本ですが、仏教に縁がなくとも楽しみながら、仏教の智慧《ちえ》を人生に生かせると信じています。

その点からも、この本を読んでくださるあなたは、幸せを探求する挑戦者といえるかもしれません。

ではさっそく、幸せに満たされる挑戦を始めましょう。

＼ 本書の使い方をチェック！ ／

幸せに気づく道のり

本書は**5つのテーマ**で幸せになる練習を
体感していくしくみになっています。

第０章

まずは**最新の幸福学**について
予習をしてから練習を始めましょう。

↓

第1～5章

読みものの合間に
幸せになる練習ページが登場します。
流れに沿って読み進めて、練習の目的や
効果を理解しながら実践しましょう。

↓

最終章

5段階で練習を重ねるごとに
幸せを感じる力が**レベルアップ**します。
最後に、より幸せを広げる心得を確かめましょう。

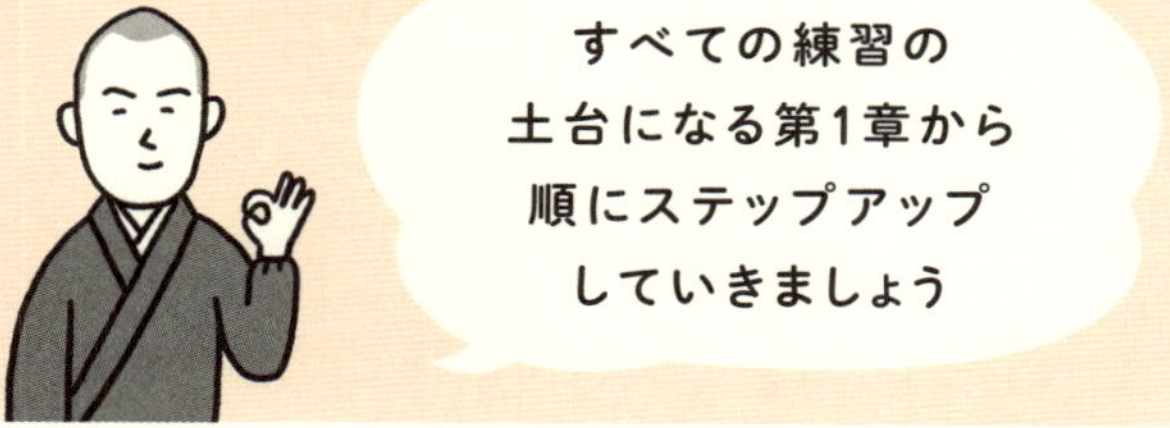
すべての練習の
土台になる第1章から
順にステップアップ
していきましょう

このマークのある練習は
音声ガイドなどをダウンロードできます

※音声ガイドには、練習の説明やフレーズのあとなどに、必要な間（無音）がとってあります。
※音声ファイルはすべてzip形式に圧縮されています。iOS、Androidなどスマートフォンでzip形式を解凍するには別途専用アプリが必要なため、編集部ではパソコンから同期する方法を推奨しています。

付録・ダウンロード特典について

http://www.nagaokashoten.co.jp/download/

［パスワード］ happiness

永岡書店HP内の専用サイトからパスワードを入力すると、聞きながら練習ができる著者の音声ガイドや書き込みシートをダウンロードできます。

もくじ

はじめに —— 2
仏教+心理学+科学からわかったこと。「幸せ」は自分でつくることができます
この本は「幸せになる」ための練習帳です
幸せを目指すうちに仏教を体験できる新スタイルの仏教の入門書でも
本書の使い方をチェック！ 幸せに気づく道のり —— 8

第0章 「幸せ」をリセットする

幸せというモヤモヤの正体を科学的に明らかにする —— 18
幸せは「すぐ消える幸せ」と「持続する幸せ」に分けられる —— 20
お金やものがあっても日本人が幸せを感じられない理由 —— 24
幸せは自分で考えて行動してつくることができる —— 26
仏教は幸せを追究する学問 —— 28
幸せになる5つの要素を知ろう —— 30

第1章

心を「今」ここに寄せる

心があちこちにブレると目の前の幸せが目減りする —— 36

幸せになる練習 01 いつものご飯に心を寄せてみよう —— 40

今の瞬間を味わい尽くすことに幸せのしくみが隠されている —— 42

幸せな人は「足る」を知る —— 44

過去でも未来でもない「今」にこそ幸せがある —— 46

マインドフルネス瞑想は心を見つめるトレーニング —— 48

幸せになる練習 02 コップの温度に集中する —— 50

マインドフルネス瞑想の効果は科学的にも実証されている —— 52

肝心なのはコロコロする自分の心の動きに気づくこと —— 54

幸せになる練習 03 マインドフルネス瞑想を覚えよう！ —— 56

世界の最先端企業がマインドフルネスを導入 —— 60

第2章

「ありのまま」を見る

ネガティブな感情はそっと心の中で放っておく――62
「集中↓ゆるめる」の反復で心の〝筋トレ〟ができる――64
心を「今」に寄せることで仕事の質とスピードが上がる――66
日常のさまざまなシーンで毎日、くり返すことが肝心――68
お香で瞑想のスイッチを入れる――70
「印」を真似してみよう――72
ざわつく心はお寺の「鐘」でも整えられる――74
自分目線を「ありのまま目線」に変えると違う世界が見える――78
思い込みや感情に流されない「正見」の目を養う――82
幸せになる練習04 心にありのままラベルを貼るお散歩瞑想――86
心のラベリング整理で視点をニュートラルに戻す――88
一休さんに教わる「ありのまま+楽観」のバランス――92
「ありのままラベル」で心に余裕をつくることができる――96

第3章

「思いやり」を深める

相手の状況を察する「共感力」がキーワード ― 102
共感を行動に移すことで思いやりとやさしさが生まれる ― 106
幸せになる練習 05 「あの人」を思って共感力を鍛えよう ― 110
相手を思いやることで自分の心が幸せに満たされる ― 112
他人の前にまず自分自身にやさしくすることが大切 ― 114
心の奥にいる慈悲の自分を見つけ出して観察しよう ― 118
幸せになる練習 06 思いやりを知る「3人の自分」のトーク ― 122
〝3人めの自分〟を信じて大切に育てていこう ― 124
思いやりはあらゆるものに向けられる ― 126
幸せになる練習 07 「慈悲の瞑想」で幸福力を高めよう ― 127
人へのネガティブな感情も慈悲の心でかならず手放せる ― 130

第4章

「自分らしさ」を生かす

弱みより強みを伸ばすことで自分らしさが輝き出す ―― 134

小さな充実感と達成感の積み重ねが大きな幸せになる ―― 136

幸せになる練習 08 自分らしい「一字」を見つけよう ―― 138

戒名のパワー漢字が自分らしさを示す「一字」になる ―― 140

自分の強みを生かせば「できないこと」などない ―― 142

本来の自分を引き出す幸せのスパイラルを巻き起こそう ―― 146

第5章

「感謝」を育てる

感謝は互いの心を動かし温かな幸福感を生む ―― 150

毎日の中にたくさんある感謝の種を集めよう ―― 154

幸せになる練習 09 感謝の日記で幸せを実感しよう ―― 155

「当たり前」のフィルターを外すと日常への感謝が生まれる ―― 156

「すみません」を「ありがとう」に置き換えよう――160
五観の偈で「いただきます」に心を込める――162
感謝を相手に伝えてこそ大きな幸福感が湧き起こる――166
幸せになる練習 10 サプライズカードで感謝を伝えよう――167
幸せになる練習 11 親や恩人に「感謝の手紙」を書こう――170
1日の中で実践！ 幸せになる練習メニュー――172

最終章

「幸せの先」にあるものに気づく

幸せに気づいて感じることが未来の幸せをつくる――176
幸せを知るとき人は強くなる――180
自分の心の中に幸せの「戒」をつくろう――184
人はひとりでは幸せになれない――188
おわりに――190

第0章

「幸せ」をリセットする

そもそも
「幸せ」の根拠とは？

まずは準備として、これまでの
幸せの価値観をリセットしましょう。
仏教とともに、最新の幸福学から
「幸せの正体」を科学的に考察します。
浮かび上がってきた「幸せの5つの要素」が、
第1章から始まる練習のテーマになります。

幸せはふわふわと
実体がないものでは？

幸せというモヤモヤの正体を科学的に明らかにする

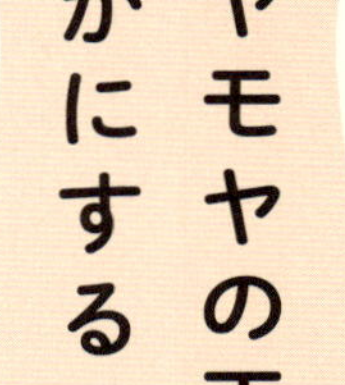

あなたの思う「幸せ」とは、どんなものですか？　ほのぼのとした温かい印象、あるいは、キラキラとまぶしい印象を抱く人もいるかもしれません。いずれにせよ、「幸せ」は人によってとらえ方が変わり、モヤモヤとして実体がないと思う人が多いでしょう。

私は幸せのトレーニングをするワークショップを行っているというと、「おしあわせな人ね」と笑われることもあります。実体のない幸せを論じ、ましてや練習をするなど、荒唐無稽《こうとうむけい》のように思う人は多くいるわけです。

ところが、最近はそうでもないんですね。

今、「幸せ」は、心理学、人類学、脳科学、経済学、人間工学など、じつに幅広い分野において、世界的に研究されています。

「幸せ」は人類にとって永遠のテーマですが、個人だけではなく、テロや戦争、あるいは自然災害、経済不況をはじめ、社会的な不安の多い現代に、いかに人の心を健やかに、明るく、強く保つかという必要性からも、注目されている学問ともいえるでしょう。

なかでも、ポジティブ心理学において、ハーバード大学ほか、数多くの大学の研究者が「幸福」にまつわる論文を発表しています。ポジティブ心理学とは、精神疾患の治療を目的に、人の心のネガティブな部分に焦点をあてた臨床心理学に対し、**人の生き方を充実させる**といった目的で、楽しみ、強み、満足感など、人の心のポジティブな面に目を向けた、新しい心理学のいち分野です。

「幸せ」は、人の心にあるものですが、その**幸せを感じる思考や行動、反応などは、実験や統計などにより科学的に検証できる**のです。

「幸せになるためには、どうすればいいのか」を考えるときに、まずはそうした科学的な見地から、客観的に「幸せ」について考えてみましょう。

幸せにも
種類がある？

幸せは「すぐ消える幸せ」と「持続する幸せ」に分けられる

科学の「科」には、ものごとを一定のくくり方により「分類する」という意味があります。そこで、幸せのひとつの分類方法をご紹介しましょう。

次のうち、あなたが今思っている「幸せ」は、A、B、どちらに近いでしょうか？　チェックしてみましょう。

分類A

- **□お金持ちになること**
- **□高学歴であること**
- **□理想の仕事を得て、地位や名誉を得ること**
- **□おいしい食事や高価なものを手に入れること**

分類B　□愛情や友情を得ること
□人や社会から信頼されること
□自分に自信が持てること
□組織や社会の役に立つこと

これは、どちらがよい悪いではありません。その事柄が人にもたらす幸福感が、どれだけ長く持続するかを調査研究して分類したものです。Aは「短期的幸せ」、Bは「持続的（長期的）幸せ」といわれています。

Aの短期的幸せは、目先の幸せともいえるでしょう。お金や社会的地位、物質的なものは、手に入れた瞬間はとても満足しますが、心で感じる幸福感は、時間とともに薄れていくと考えられています。そのため、手に入れたときの幸福感を持続させるには、くり返し「もっと」となります。お金や地位、名誉などは、失われれば「もう一度欲しい」となるわけです。

つまりAは、**いくら得ても「心が満たされることのない幸せ」**といえます。

対して、**Bの持続的幸せ**であげた例は、Aに比べると一見、地味かもしれませんね。ところが、愛情や友情、信頼、自己肯定感、他人や社会への貢献などで得た満足感は、体験として記憶に強く残り、短期的幸せよりも長く幸福感が続くことがわかっています。よく〝心の財産〟というように、**一度得ると「長く心を満たし、蓄えられる幸せ」**といえるでしょう。

その理由のひとつとして、心理学でいう「快楽順応」があげられます。

「慣れ」といえば簡単ですね。人の心には、**状況に適応する能力**というのがあります。つらいことにもいえますが、幸福感への作用で考えてみましょう。

「お金持ちになれたら」「やりたい仕事で出世したら」「人がうらやむ結婚ができたら」……。こうした幸せへの願いが叶ったとき、その瞬間は誰もが幸福感に酔いしれるでしょう。ところが、**人はその状況に慣れると「当たり前」と考える**ようになります。さらなる快楽への期待感が高まり、当初、感じた高揚感やうれしさなどは、時間とともに薄れてしまうのです。

どんなに素晴らしいものや地位を手に入れても、幸福感のピークは、それを得た一瞬のことなのです。例えば、宝くじに当たった人に、一年後の「幸福感」を確かめたところ、まったく持続しなかったという事例もあります。

面白いことに、仏教ではこれを**「塩水」**と表現します。飲んだ瞬間は満たされても、すぐに、飲む前よりもっと喉が渇くというわけです。

短期的幸せは、この「快楽順応」や「塩水」の考え方でいえば、むしろ、私たちの心が幸せに満たされることをはばむ要因ともいえます。

もちろん、お金や仕事は人の生活に必要不可欠ですから、そこから得られる幸せも、幸せには違いないのかもしれません。

ただ、物質や地位名誉といった、目に見える幸せだけを追い求めては、幸せを探す旅では、同じ道をさまようばかりでしょう。**では、持続する幸せを得るには、どうすればいいのか。**それが、この本の練習のテーマになっています。

ここでぜひ、今、自分の思う幸せ、求める幸せをノートなどに書きとめておきましょう。そして、この本でさまざまな練習をくり返したのちに、もう一度、幸せの〝答え合わせ〟をしてみてください。

お金やものがあれば
ないより幸せでは?

お金やものがあっても日本人が幸せを感じられない理由

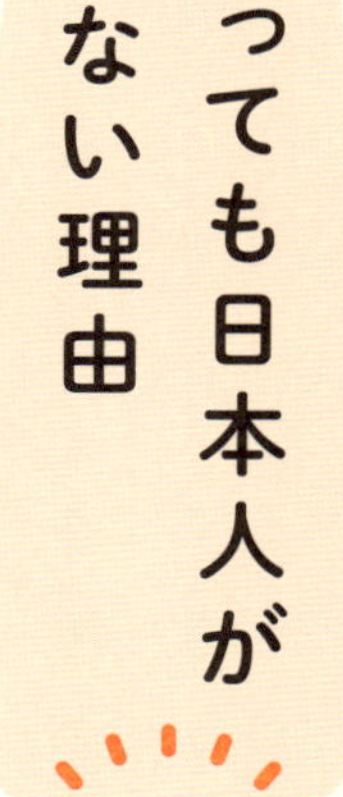

左のグラフは、日本のＧＤＰ（国内総生産）と内閣府の国民生活調査に基づいた生活満足度を重ねたグラフです。生活満足度は、日本人の幸福度の指標のひとつと考えられています。一目瞭然ですが、高度経済成長期、その後のバブル景気と、ＧＤＰは右肩上がりでも、生活満足度はほとんど変わりません。

所得や物質的な豊かさと、日本人の幸せは比例していないのです。

理由のひとつとして、他者との比較があげられます。国の生活水準が上がると、相対的に「人並みかどうか」という基準で、自分の幸せをはかる傾向があるのです。**お金やものが、幸福感に直結するわけではない**ことと同時に、**「人より上」を目指す限り、幸福感は上がらない**ということも見えてきますよね。

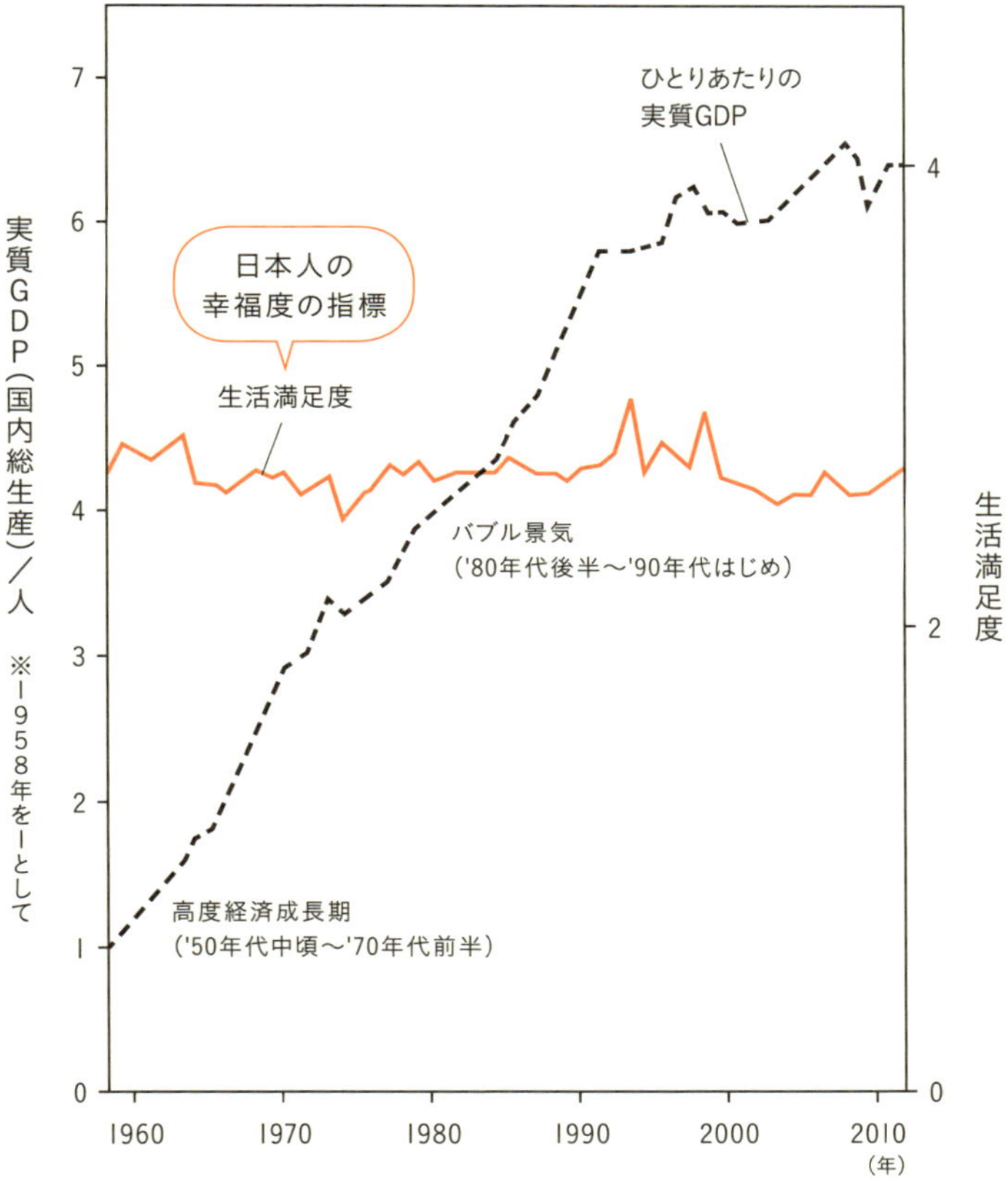

生活満足度とひとりあたりの実質GDPの推移

出典／「幸せのメカニズム　実践・幸福学入門」前野隆司著（講談社現代新書）

では何を求めれば
幸せになれるの？

幸せは自分で考えて行動してつくることができる

ここで、ポジティブ心理学の幸福の実証研究の第一人者である、ソニア・リュボミアスキー博士によるデータを紹介します。博士は多くの統計や実験結果に基づき「幸福を決定する要因」について解説をしています。

これによると、私たちの幸せを決定づけるのは**環境的要因が10％**、**遺伝的要因が50％**、そして**残りの40％は、自**

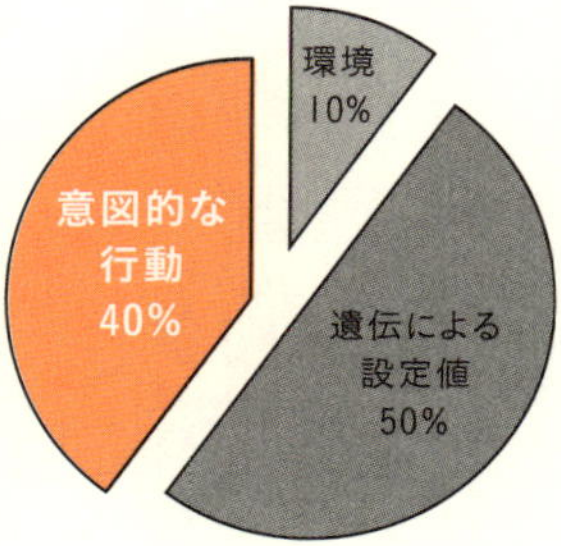

幸せを決定するおもな要因

出典／Review of General Psychology2005,vol.9,No.2,111-131
《Pursuing Happiness : The Architecture of Sustainable change》

分自身の「意図的行動」で決まるとされています。

お金持ちと貧乏、美人やイケメンとそうでもない容姿、既婚か離婚経験があるかなど、環境や状況による違いは、その人の幸福度のわずか10%にしか影響を与えないと考えられているのです。遺伝的要因は全体の50%を占めますが、これは生まれもった幸せを感じる資質であり、変えられません。

そこで重要になるのが、40%の意図的行動です。つまり、自分自身がどのように考え、どう行動するかで、幸せはつくれるということです。

先ほどの短期的幸せ（20ページ）であげた例は、そこに至る経緯は、自分の考えや行動によるものかもしれませんが、結果的に得た幸せは「環境的要因」に過ぎません。この**環境的な幸せへの思い込みの枠を外し、考え方、行動を変えていくこと**が、これまでより幸せになる突破口といえるでしょう。

柔軟な発想、広い視野で幸せをとらえ、持続的な幸せの経験値を高める「練習」をしていくことで、それまでより確実に幸せになれます。

幸せを感じる力は、心のトレーニングで高めることができるのです。

なぜお坊さんが
幸せを語るの?

仏教は幸せを追究する学問

幸せの科学的検証は、まだまだいくらでもありますが、理屈ばかりではつまらないと思う人も多いでしょう。この本は「練習」を通して、幸せに心が満たされる感覚を体験し、それを習慣化することで、長く持続する幸せに気づくことができるしくみになっています。ここでは、その指針となる要点のみで、あえて割愛しますが、さまざまな知見から「幸せ」を勉強してきて、確信を得たことがあります。それは、幸福学と仏教との共通点です。

この本の冒頭でもいいましたが、お釈迦様は**「幸せも不幸せも自分がつくる。他人のしわざではない」**とおっしゃっています。仏教においても、幸せの要因は自分自身にあり、環境的なものではないと考えられているわけです。

そもそも、仏教とは、人が幸せに生きるための教えです。

例えば、仏教に**「因果《いんが》」**という言葉があります。世の中のすべてのものごとは、互いに関わり合い、最初に「原因」があるから「結果」が起こるという、仏教の基本となる思想です。苦しい、つらい、もっと幸せになりたいと悩みながら、人はそう思う原因を明らかにして、問題を取り除こうと行動しないところがあります。この苦しみの原因を明らかにし、取り除いたところに、安らぎがあると仏教では考えられ、苦しみを滅する方法として**「八正道《はっしょうどう》」**という、正しい考え方やものの見方、行動の具体的な理念があります。

幸福学の研究は、研究者それぞれの根拠に基づき、幸福の要因を明らかにしていますが、いずれも僧侶として見ると、そうした**仏教の基本的な考え方に通じるもの**ととらえられます。およそ2500年前に開かれた仏教に、現代の幸福学との符合が多くあることは驚きであり、また、人にとっての幸せとは普遍的なものとあらためて考えさせられます。具体的に5つの幸せになる要素をあげて、仏教の言葉とともに考えていきましょう。

幸せになる
方法を知りたい！

幸せになる5つの要素を知ろう

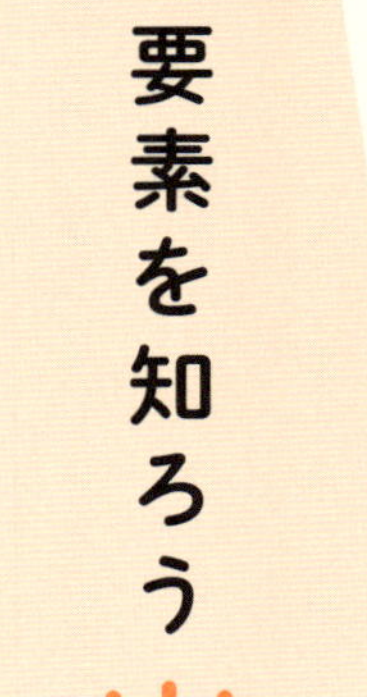

これまでに、瞬間的な「短期的幸せ」よりも、「長く持続する幸せ」が重要であること、そして、その幸せは自分自身の考え方や行動でつくり出せるということをくり返してきました。

ここからはいよいよ「幸せになる練習」の実践に結びつけていきます。

幸せになる要素は、研究者によりさまざまに語られていますが、仏教と心理学を学んだお坊さんとして、私は次の5つをあげました。

これは、この後に続く各章の練習のメインテーマとなっています。詳しくは各章で実践とともに説明しますが、5つはそれぞれが幸せであるとともに、互いに関連してより大きな心を満たす「幸せ」となります。

◆幸せの要素①……心を「今」ここに寄せる（第1章）

心あらずの状態では、ものごとが手につきませんよね。心が「今」から離れると、同じことをしても充実感を得られません。そこで、心の基本軸をつくり、ブレる心をコントロールする「マインドフルネス瞑想」を練習します。これは、仏教の八正道で**「正念《しょうねん》」**といわれ、雑念に心を乱されず、真の大切なことを理解することです。**日常にある幸せに気づき、あとに続く4つの章の練習でも、幸せを得やすくなります。**

◆幸せの要素②……「ありのまま」を見る（第2章）

仏教の八正道で**「正見《しょうけん》」**といわれるものです。思い込みや偏見、先入観、固定観念は、幸せを見極める目をくもらせます。自分のものの見方をリセットし、**正しく事実のまま見る練習により、見えていなかった幸せに気づけるようになります。**幸せをはばむ原因、ネガティブな感情なども、客観的に見ることで、心をとらわれずに消去することが可能になります。

◆幸せの要素③……「思いやり」を深める（第3章）

人は、ひとりでは幸せになれません。愛情や友情など、**温かな気持ちが通じ合う幸せな人間関係を築くには、この「思いやり」が必要不可欠**でしょう。相手を思いやり、状況を察する力を養うとともに、自分自身にも「思いやり」を向ける練習をします。仏教では「**慈悲**」と表現され、六波羅蜜《ろくはらみつ》という人が成り立つ道を説いた6つの考えのうち、一番最初にある、人にものを差し出す「**布施**《ふせ》」にあたります。

◆幸せの要素④……「自分らしさ」を生かす（第4章）

自分を見失えば、自分にとっての幸せも見つかりません。心理学で自己肯定感といい、**「自分」をよく知り、認め、自信を持つこと**で、自分の強みとして、それを生かす状況やきっかけがつくれるようになります。日常の生活や仕事に自分を生かせることは、充実感や満足感を高め、幸せの相乗効果を生み出します。仏教では八正道の「**正命**《しょうみょう》」という、有益な仕事に励み、正しい生活をすることにつながります。

◆幸せの要素⑤……「感謝」を育てる（第5章）

人に感謝をされたとき、誰もがうれしくなります。感謝は、人の生きる喜びの表現でしょう。心理学では、**感謝は人から受けるよりも、自分がするほうが、自身は幸せを感じる**ことがわかっています。**「有難い」**はそもそも仏教の言葉で、「あることが貴重である」ことを意味します。日常にある「有難いこと」にあらためて気づく練習から、幸せを実感します。

5つの要素からもわかるように、幸せは自分の考え方や行動の積み重ねでつくられ、**日々感じる幸せが大きい人は、いつも心が幸せで満たされます。**お金や仕事の成功、愛情のある恋愛や結婚なども、それを得たから幸せなのではなく、いつも幸せな人ほど、それを得やすいとも考えられるでしょう。前置きはこれくらいにして、まずはひとつめの要素から、さっそく実践してみましょう。

第1章

心を「今」ここに寄せる

幸せは今、
この瞬間を
味わうことから。

「今」の自分にある幸せを
しっかりと感じることが、過去の幸せと
未来の幸せにつながります。
マインドフルネス瞑想の練習から
心に「今」という基本軸をつくりましょう。
第2章以降の練習の効率もぐんとアップします。

心を寄せるって
どういうこと?

心があちこちにブレると目の前の幸せが目減りする

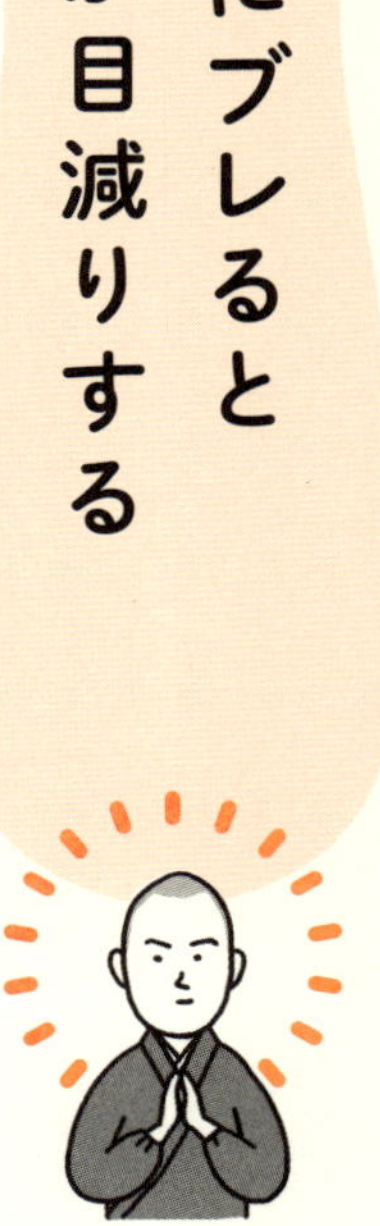

「心を今、ここに寄せる」とは、どのような状態のことをいうのでしょう。わかるようで、微妙にわからない……。そう感じる人も多いかもしれません。
まず「心」について、考えてみましょう。仏教に次のような言葉があります。

凡夫の心は、ものに従いて移りやすし。

凡夫《ぼんぷ》というのは私たちのことを指し、この言葉は「私たちの心はものによって移りやすい」といっています。現代的にいえば、**人の心は刺激を受けると、それに反応して、あちこちに意識がさまよってしまう**ということです。

例えば、恋人や夫婦、あるいは友人でもいいのですが、いわゆるデートに出かけたとします。好きな人や気を許せる人と楽しむ時間は、日々忙しく働いている人にとって、日常を忘れる幸せなひとときといえるでしょう。

そんなとき、携帯電話に会社の同僚からメールが入ります。パッと意識が、仕事のほうに移ってしまいますよね。しばらくすると、今度は友人から週末の飲み会について連絡が入りました。「そろそろ店を決めなきゃ」「あの人にも声をかけよう」など、目の前にいる相手から意識がどんどん離れていきます。レストランでは、おいしそうな料理を前につい、写真をパチリ。「SNSに投稿しよう」と携帯電話をいじっているうちに、料理は冷めてしまいました。ふと気づくと、相手が不機嫌な顔で「今の話、ちゃんと聞いてた?」と怒っています。これでは、せっかくの楽しい時間も台ナシです。

心ここにあらずの状態は、こうして客観的に見れば、もったいない時間の過ごし方だとわかります。でも、**心が刺激とともに移るのは自然の道理ですから、仕方のないこと**でもあるのです。

面白いことに、心とは「コロコロ」と移りやすいから「こころ」と読むという説もあります。先の仏教の言葉にもあるように、人の心はコロコロと移りやすいことを先人たちは知っていたわけです。私も集中力があるタイプではないので、自然の道理と思うとホッとしますが、それで終わらせてはいけません。

ここに幸福感を高める秘訣があるわけです。

ふとしたことで移ろう心を、いかに上手に鎮めて「今、ここ」につなぎとめていくか。

これが、幸せになる練習のひとつめのテーマです。

先ほどの例え話のように、コロコロと移りゆく心を野放しにしては、それだけ目の前で今、行っていることに集中できません。好きな人と過ごし、おいしいものを食べる幸せな時間も、本来ほど充実しません。結果的に相手を怒らせては、いらない不幸や問題を自らつくり出しているともいえるでしょう。

仕事でもこれは同じです。集中して取り組むほどあっという間に感じられ、充実感を得られます。効率よく仕事が片づけば、時間にも精神的にも余裕が生まれ、ミスや焦りが減って、成果も上がるでしょう。

心をその瞬間に集中させるほど、同じ日常から得られる幸せや満足感が何倍にも増えていくのです。

「わかっていても、思うようにできない」と考える人が多いかもしれませんが、本来は、頭で難しく考える必要はないのです。

自分の心がブレ始めたら、それに気づき、いかんいかんと心を「今、ここ」に戻す。単純な心の動きなので、くり返し練習をすれば身につけられます。

私たちの行動は、その人の心がつくり出すと心理学では考えられています。そして、移ろう心をどのように扱えば平穏でいられるか。これを考え尽くしたのが、仏教のお釈迦様です。

ピンとこない人は、次のページで「心を今、ここに寄せる」という感覚をまずは体感してみましょう。心を集中させるだけで、普段は感じないさまざまなことに気づけるようになります。

幸せになる練習 01

心を「今」ここに寄せる

いつものご飯に心を寄せてみよう

さっそく「心を今、ここに寄せる」という感覚を体験してみましょう。いつものご飯をゆっくりと味わいます。最初に食べ方のコツを覚えてから、始めましょう。

用意するもの **白いご飯**

少量でOK。とくにブランド米や炊きたてホカホカでなくても、かまいません。

1 背筋を伸ばして座り、深呼吸をします。そして、まるで初めて見たような気持ちで、ご飯をひと粒ひと粒、観察してみましょう。

2 お箸でご飯をつまみ、まずは鼻の下に持ってきて、注意深く香りを感じましょう。

3 ゆっくりと口に運び、目を閉じます。口の中に唾液が出てくることを感じながら、すぐには噛まず、ご飯粒の舌触りを確かめます。

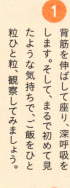

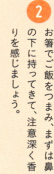

4

ゆっくりと噛み、ご飯の甘みや香り、味の深みを感じます。それ以上噛めなくなったら、飲み込む前にもう一度、ご飯の味を確かめます。

5

最後に「飲み込むぞ」という意思をもって、飲み込みます。さらに、ご飯が食道から胃に落ち、ご飯粒のぶんだけ体が重くなったことを感じましょう。

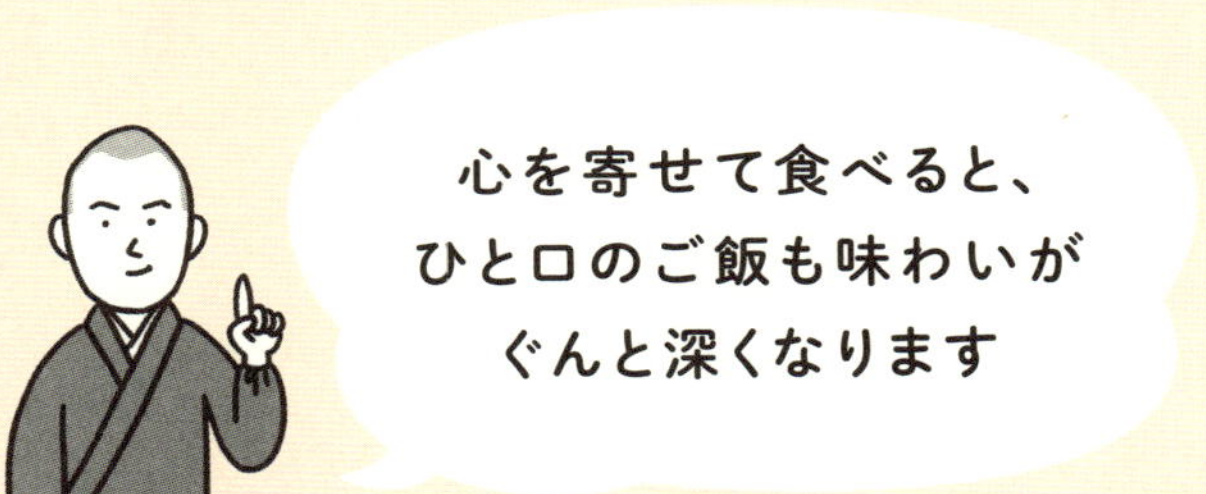

心を寄せて食べると、
ひと口のご飯も味わいが
ぐんと深くなります

聞きながら練習できる、音声ガイドをダウンロードできます⇒詳細8ページ

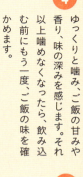

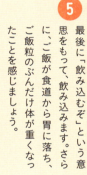

ご飯がおいしいから
幸せってこと？

今の瞬間を味わい尽くすことに幸せのしくみが隠されている

ご飯に心を寄せる練習は、いかがでしたか？　こんなにゆっくりと、ひとつまみのご飯に集中したことはないと感じた人も、多いのではないでしょうか。じつはこの練習は、後ほど紹介するマインドフルネス（47ページ～）で**「食べる瞑想」**といわれる瞑想法を応用したものです。

普段、パクパクと食べている白いご飯も、意識を集中させると、その存在や味わいが何倍も深く感じられるものです。ふわりと漂う香り、口の中に唾液があふれてくる感覚、甘みなどの味わい、ご飯粒の舌触り……。さまざまなことにあらためて気づき、たったひとつまみのご飯にさえ、しみじみとするような心が満たされる感覚を体験したのではないでしょうか。

今の瞬間に心を寄せ、ものごとを味わい尽くすと、充足感を得ることができます。先ほどのデートの例（37ページ）も、相手との会話や食事など、その瞬間を味わい尽くせば、もっと幸せに満ち足りた休日が過ごせたはずです。

幸福感とは「心が満ち足りる感覚」といい換えることもできます。

過去でも未来でもない「今」の瞬間を味わい尽くすと、それだけ満足感も大きくなります。そして、心が満たされるという目に見えない幸福感は、物質的な幸せよりもずっと長く、心に残り持続していくのです。

われわれお坊さんにも、黙って食べる「黙食《もくじき》」は、大切な修行のひとつです。静かに集中して食べることで、食べものをより深く、おいしくいただけることを体験しています。

ご飯で体感した〝その瞬間を味わい尽くす〟という感覚を、日常生活のさまざまなシーンに広げることができれば、日々多くのことから、心が満たされる幸福感を得ることができます。これが「心を今、ここに寄せる」が、幸福感を向上させるメカニズムのひとつです。

でも「今」よりもっと
幸せになりたい……

幸せな人は「足る」を知る

仏教には、次のようなとても有名な格言があります。

「小《しょう》欲《よく》知《ち》足《そく》」「吾《われ》唯《ただ》足《たるを》知《しる》」

少ない欲で足るを知るとは、つまり**今ある現状に満足する、私は満ち足りることを知っている**ということです。

がまんや清貧こそ素晴らしいといったきれいごとに聞こえるかもしれませんが、この格言の本来の意味は、そうではありません。

例えるなら、今日の食事が安いラーメンでも、高級なフランス料理でも「足

る」を知っていれば、どちらでも同じ満足感を得られるということです。

いつも幸せな人はこの「足る」をよく知っているといえます。

なぜなら、**小さな欲で満足ができる人は、不満が多い人よりも、幸せを感じるものごとが多くなる**からです。

今、住んでいる家、勤めている会社、持っているお金など、自分の現状に不満を感じている人は少なくないでしょう。「もっと○○だったら」「もっと○○があれば」と、欲をいえばきりがありません。

ここで重要なのは「清貧で満足しよう」ということではありません。**どのような状況においても、今に心を寄せ「自分は満たされている」と感じることが**肝心なのです。

現状に不満があっても、満足できる点もあるはずです。家も会社もお金も、自分にはどうすることもできない事情で、一瞬にして失われることだってあります。今あるものへの満足感を大切にすると、幸せになる力は着実に上がり、「小欲知足」や「吾唯足知」の本来の意味も見えてきます。

なぜ「今」がそんなに
大切なのだろう?

過去でも未来でもない「今」にこそ幸せがある

幸せになるために、「今」という言葉をこれまでくり返してきました。

仏教では、過去でもなく、未来でもなく、今を大切にします。さまざまな教えや修行で、ただひたすら「今を生きなさい」と説いているのです。「諸行《しょぎょう》無《む》常《じょう》」というように、すべては移りゆくものであり、過去に戻ることなどできませんし、未来はこうなるという確約もありません。

過去や未来に意識を向けても意味がないというわけです。

心理学でも、過去にとらわれることが、うつやPTSD（心的外傷後ストレス障害）の要因であり、まだ起きてもいない未来ばかり考えることは、不安障害を引き起こす要因になるとされています。

仏教でも心理学でも「今」を生きることが大切と考えているのです。
とはいえ、教訓のように「今を生きなさい」といわれても、なかなかピンときませんよね。それを体験として実践することが、この章の「心を今、ここに寄せる」練習の目的というわけです。

ご飯に心を寄せる練習（40ページ）では、ご飯に意識を集中する感覚を体感しましたよね。さらに、コロコロと移ろう自分の心を「今」にとどめるトレーニングをしていきます。

これは、**マインドフルネス瞑想**と呼ばれ、仏教をもとに生まれた今、世界中に広まっている話題の瞑想法です。名前のとおり、マインド（心）をフルネス（満ちる）にする瞑想であり、**心を「今」ここに寄せることのくり返しから、心が満たされ、幸福感の向上に大きな効果をもたらします。**

ちなみに、この心を今、ここに寄せるマインドフルネスの状態を指す英語は、漢字で表すと「今」の「心」と書く「念」です。念とは心の集中を極めた状態を指しますよね。さっそく、その実践法を詳しく紹介しましょう。

瞑想って何？
どうやるの？

マインドフルネス瞑想は心を見つめるトレーニング

突然ですが、普段、体を鍛えていますか？　美容や健康のために、ウォーキングや筋トレなど、運動を心がけている人は多いのではないでしょうか。

では「心」のトレーニングはしていますか？

「心を鍛えるなんて、出家したお坊さんじゃあるまいし」と思うかもしれません。確かに、仏教の教えや修行は、心のトレーニングでもあります。

仏教には「観察《かんざつ》」という言葉がありますが、これは「心」を観察して、ものごとを正しく見るための修行のひとつです。**コロコロと移ろう自分の心の状態も、ありのままに正しく見る**のです。

仏教から生まれたマインドフルネス瞑想は、この自身の心を客観的に見つめるトレーニングともいえます。ご飯に心を寄せる感覚と同様に、今度は自分の今の「心」を客観的に観察することで、**普段はあまり意識していない心のブレや状態に気づくこと**ができます。

さらにこれをくり返すことで、心を「今」ここに寄せ、幸せに満たされる土台が鍛えられていきます。前章で、幸せになるには5つの要素があると話しましたが、最初にマインドフルネス瞑想を習慣にして心の土台を整えると、後の章に続く4つの要素の練習も、ラクにクリアできるようになります。

このマインドフルネスの定義は**「今の瞬間の現実に常に気づきを向け、その現実をあるがままに自覚し、それに対する思考や判断にはとらわれないでいる心の持ち方・存在のありよう」**とされています。

スッとは意味が理解できませんよね。頭で理解するよりも、実践してみるとその意味もわかってきます。

まずは入門編として、コップの湯を使って、マインドフルネスの状態を体感する練習から始めましょう。

幸せになる練習 02

心を「今」ここに寄せる

コップの温度に集中する

「今、ここ」に意識を集中する、マインドフルネスの状態を体感するための練習です。コップに入ったお湯の温度変化に集中してみましょう。

用意するもの ガラス製のシンプルなコップ・40℃くらいのお湯・氷2〜3片

＊温度が手に伝わるよう、ガラスのコップは厚すぎず薄すぎずのものを。

1 温もりを感じる

コップに40℃くらいのお湯を半分より少し多めに入れます。このコップを両手で握りしめ、まずお湯の温もりを感じましょう。

2 氷を入れる

しばらくしたら、コップのお湯に氷を入れます。再びコップを両手で握りしめ、お湯の温もりを感じます。

3 温度変化に集中する

コップを顔の前あたりに持ち上げ、温度にじっと意識を集中します。だんだんと温度が下がっていく変化をじっくりと感じます。氷が溶けきり、温度が変わらなくなるまで続けましょう。

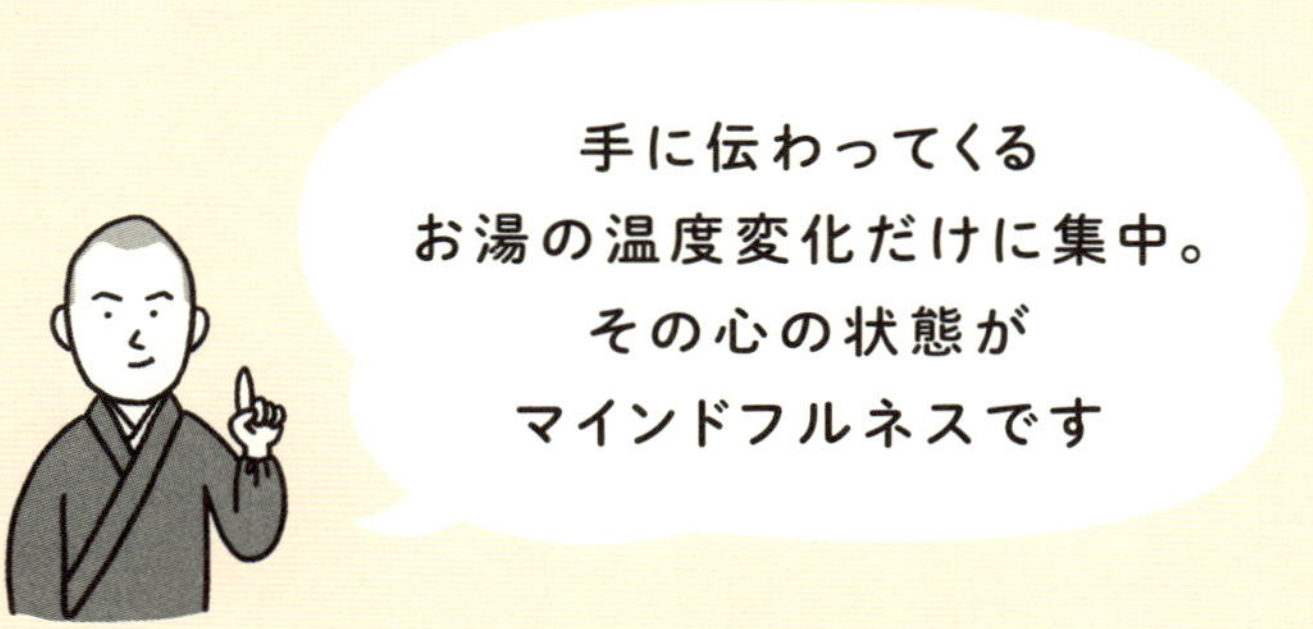
手に伝わってくる
お湯の温度変化だけに集中。
その心の状態が
マインドフルネスです

聞きながら練習できる、音声ガイドをダウンロードできます⇒詳細8ページ

感覚はわかったけれど
どんな効果があるの?

マインドフルネス瞑想の効果は科学的にも実証されている

コップの湯を感じる練習で、マインドフルネスとはどのような状態をいうのか、感覚がつかめたでしょうか。

さらに、ここでマインドフルネス瞑想の効果を確かめておきましょう。

マインドフルネスは、科学者、医者、脳科学者たちから注目を浴びていることで今、世界中に広まっています。きっかけのひとつは「ストレスの低減効果」が科学的に明らかになったことにあります。

これは、マサチューセッツ大学医学部のジョン・カバットジン博士の研究によるものです。カバットジン博士は、心に問題を抱える患者たちにマインドフルネス瞑想を一定期間、実践してもらい、症状の改善効果を検証したのです。

これは、**マインドフルネスが医学の領域においても有効であること**を示した、とても画期的な研究でした。根拠や実証を重視する医学にマインドフルネスが活用されたことで、その心理的効果が認められたわけです。

さらに、脳科学の分野でも、マインドフルネスの導入によるさまざまな目覚ましい効果が報告されています。

例えば、これまで私たち人間の脳の神経細胞は増えることはないとされてきましたが、驚くべきことにマインドフルネス瞑想によって、脳の海馬などの限られた部位では、神経細胞が増加するという研究結果が報告されています。

こうした研究と実証から、マインドフルネスのさまざまな有効性が、世界的に知られるようになったのです。

心の病や過去のトラウマなどの治療にも、マインドフルネスが有効であると示されたことは、ポジティブな方向への心の変化にも大きく働きかけます。心を満たされる、幸せな人生を送るためにも、マインドフルネスの活用が世界的に注目されているのです。

姿勢を正して
無心になればいいの？

肝心なのはコロコロする自分の心の動きに気づくこと

マインドフルネス瞑想のポイントは**「姿勢」「呼吸」「心」**の3つです。詳しくは次のページから紹介しますが、心を今、ここに寄せるための大切なコツを知っておきましょう。

まず、椅子に腰かけ、背筋を伸ばします。どっしりと構えることがコツで、自分が富士山になったかのように、威厳をもった気持ちで座りましょう。

姿勢が整ったら、呼吸を意識します。マインドフルネス瞑想は鼻から息をする腹式呼吸で行います。息を吸ったときにお腹が膨らみ、息を吐いたときにお腹が凹むことを意識します。風邪や花粉症などで鼻呼吸がつらい場合は、口で呼吸してもかまいません。呼吸を始めてしばらくは、ただ、自分の呼吸とお腹の動きに意識を集中させます。

重要なのはここからです。マインドフルネス瞑想の目的は、心を無にするというものではなく、心を今、ここに寄せることに集中し、心がブレたらそれに気づいて元に戻すという、自分の心の動きを客観的に見ることです。

呼吸に意識を集中させていても、間もなく心がコロコロと動き始めます。「お腹が空いたな」「今、トラックが通ったな」……。そうしたさまざまな考えが心に浮かんできて、鼻にあった意識がだんだんと離れていきます。

コロコロと心が移ろい始めたら、それに気づき「今、心がざわついている」と感じて、また鼻の呼吸に意識を戻して集中します。

気がかりなこと、悩みなどが浮かんできても「イヤだ」「つらい」など、その考えに心をとらわれず、ただ客観的にシンプルに、自分の心がブレたことに気づき、そっと呼吸に意識を戻すだけでいいのです。

この単純な心の動きをくり返すだけで、徐々に集中力が高まります。日常のシーンでも心を「今」に寄せ、満足感を得ることが増えていくわけです。

幸せになる練習 03

心を「今」ここに寄せる

マインドフルネス瞑想を覚えよう！

「心を今、ここに寄せる」の感覚がつかめてきたら、いよいよマインドフルネス瞑想をマスターしましょう。姿勢、呼吸を順に整えてから、瞑想をします。

用意するもの タイマー

＊最初は5分から。慣れたら15～30分を目安に好きな時間で。
＊座るのは椅子でも床でもかまいません。

姿勢を整える

1 自分が心地よく感じる体勢でゆったりと座り、手は自然にひざや太もも上へ。頭のてっぺんを天井に突き刺すような気持ちで、背筋を真っすぐに伸ばします。

2 頭を天井に突き刺す感覚のまま、おへそで床をつかむ気持ちで、お腹をグッと凹ませます。

3

次にゆっくりと、振り子のように前後に体を揺らします。力を抜いて、徐々にその振り幅を小さくして、自然に体が落ち着く位置で止まります。

4

次は、左右です。先ほどと同じようにゆっくり体を左右に揺らし、落ち着く位置で止まります。これで、上下、前後、左右と姿勢が整いました。

5

仕上げに心を整えます。自分の内部から力が湧き出るように、威厳をもって、どっしりと山になったような感覚で構えます。落ち着いたら、目は眠くならないように、やさしく閉じましょう。

続けて、呼吸を整えます

マインドフルネス瞑想を覚えよう！

呼吸を整える

6

鼻から深呼吸をします。空気が体の中に入ってきて、そして、出ていくことを感じます。そのまま鼻で深呼吸を続けます。

7

お腹に意識を集中します。鼻から息を吸って、空気が入ってきたときにお腹が膨らむようにします。

8

鼻から息を吐き、空気が出ていくときにお腹を背中にくっつける感覚で、しっかり凹ませます。

しばらくくり返し
「お腹が膨らむ⇔凹む」
に意識を集中します。
マインドフルネス瞑想は
この鼻から腹式呼吸で
行いましょう。

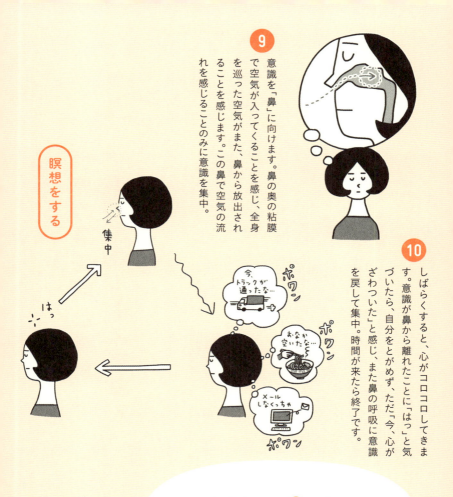

瞑想をする

9

意識を「鼻」に向けます。鼻の奥の粘膜で空気が入ってくることを感じ、全身を巡った空気がまた、鼻から放出されることを感じます。この鼻で空気の流れを感じることのみに意識を集中。

10

しばらくすると、心がコロコロしてきます。意識が鼻から離れたことに「はっ」と気づいたら、自分をとがめず、ただ「今、心がざわついた」と感じ、また鼻の呼吸に意識を戻して集中。時間が来たら終了です。

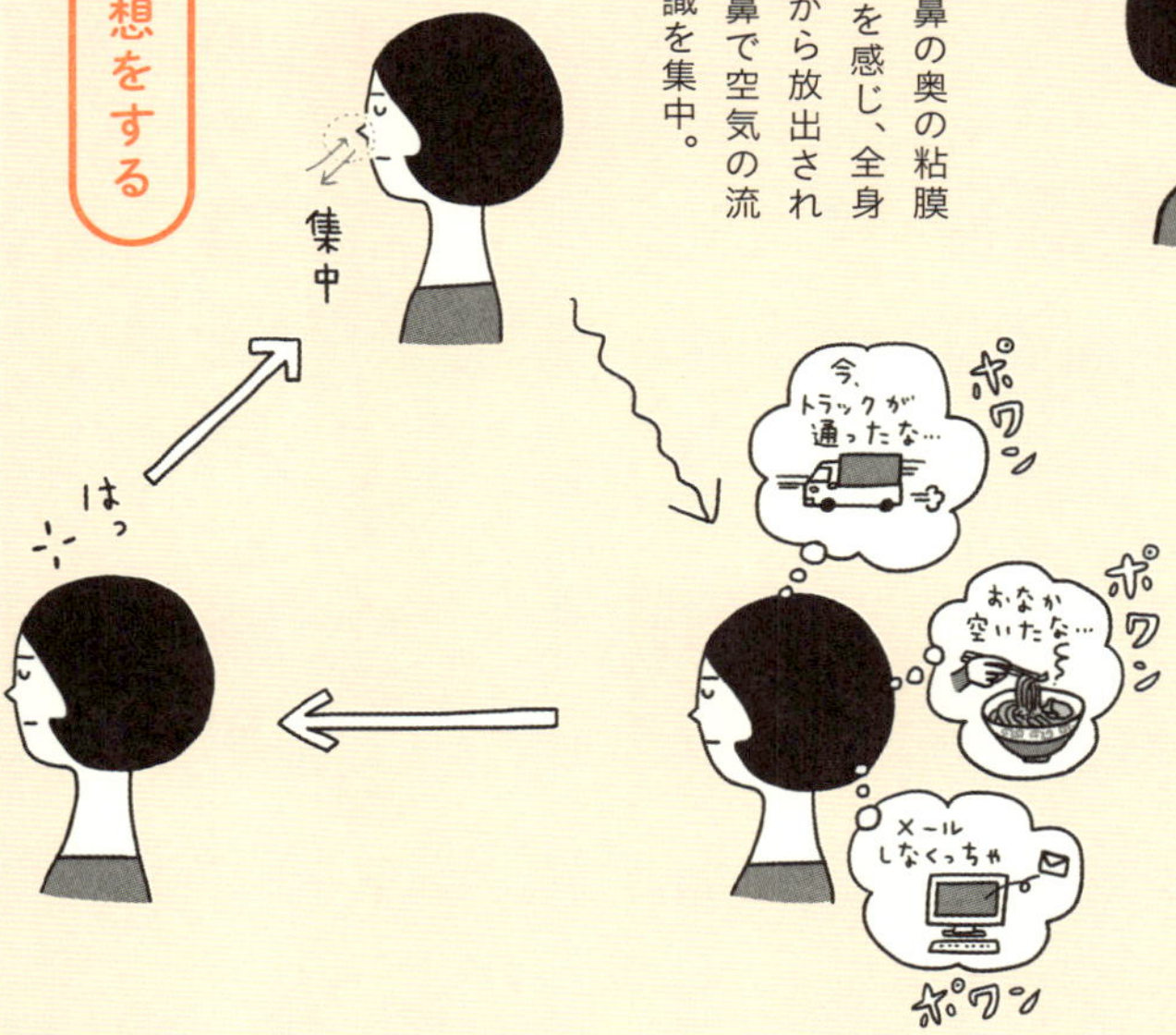

大事なのは⑩の心の揺れ戻り。慣れると日常でも心を「今、ここ」に戻して集中するスイッチが作動し始めますよ

聞きながら練習できる、音声ガイドをダウンロードできます ⇒詳細8ページモチベーションを上げるには?

世界の最先端企業がマインドフルネスを導入

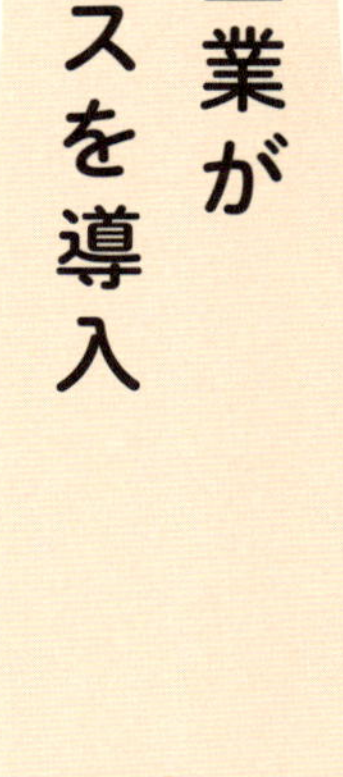

マインドフルネスは今、関連の書籍も数多く出版されるなど、世界的に注目が高まっています。とくに、アメリカでは一大旋風が起きており、ブームの発信源ともいえるのが、世界的なITリーディングカンパニーのグーグル社です。

グーグル社には、マインドフルネス瞑想を用いた「サーチ・インサイド・ユアセルフ（SIY）」というオリジナルの人材開発プログラムがあり、全研修プログラムの中で最も人気が高いといわれています。同社の社員は1日の就業中に30分間、この瞑想を行うことが許されているそうです。

社員には、常に新しい革新的なアイデアが求められる企業です。心理的なストレスも非常に大きいことでしょう。もちろん、グーグル社に限りません。携

帯電話やメールの普及により、仕事の連絡が今や24時間、いつでも入ってくるような時代。社会人のストレスは増大するいっぽうですよね。

人間は過酷なストレスがかかると、本来は能力があっても、それを十分に発揮することが難しくなってきます。

「心を今、ここに寄せる」というマインドフルネスは、**ストレス軽減とともに集中力のトレーニングにもなります。最もグーグル社が社員に期待する「創造力」においては、300%向上という驚きの成果も示されているのです。**

仕事の効率が上がることが数字で証明され、シリコンバレーの企業ではマインドフルネスの導入が大流行したといいます。例えばインテル、マッキンゼーといった世界的な有名企業も、次々と社員研修に取り入れているほどです。

仕事で能力を発揮し、成果や充実感を得ることは、社会人にとって大きな幸せです。多忙な企業の社員が、日々、仕事の合間に時間を割くほどです。ぜひ、まずはマインドフルネス瞑想を「幸せになる心の基礎トレーニング」として、毎日の習慣にしてみてください。

つらい思いが心に
浮かんで集中できない

ネガティブな感情はそっと心の中で放っておく

「今」の瞬間に意識を集中することは、幸せをさえぎる要素になる、**さまざまな悩みや不安、過去のトラウマなどを抑制すること**もできます。

例えば、つらい失恋を経験した人がいます。相手への愛情が深いほど、思いを断ち切れず「こんなに好きなのに、もう会えない」という悲しみや後悔、執着などに、心をとらわれてしまうものです。日に何度も携帯電話をチェックしては、来るはずのないメールを期待してしまうかもしれません。

こうしたつらく苦しい体験にとらわれているとき、**心の大部分は過ぎてしまった「過去」にあり、「今」に心を寄せることは難しくなります。**

先ほどのマインドフルネス瞑想に取り組んでも、つらく苦しい気持ちは、何度となく心に浮かんでくることでしょう。それでも、諦めないでください。心が移ろい始めたら、それに気づき、意識を集中に戻す。これを単純にくり返すことで、すぐに消すことはできなくても、ネガティブな感情に「心をのっとられてしまう」ことは防げます。

さらに、あきらめずに心を「今」に寄せ続けると、**徐々に過去のつらさや苦しみ、心の傷がやわらぐこと**も実感できるようになるでしょう。

マインドフルネス瞑想は、自分の心を客観的に観察するだけで「判断をしない」という特長もあります。無意識に心に湧いてくる妄念は、自分ではコントロールがききません。それについて「考えてはダメ」「なぜ、いつまでもつらいのか」など、自分で判断や分析をしては、イヤなことをわざわざ反すうするようなものです。ますます、心がとらわれてしまいます。

どんなにつらく苦しい思いも、それはそれです。心を「今」に寄せるマインドフルネス瞑想で、**自然に頭から消えるまで「放置しておくこと」**で、ネガティブな感情を抑え、解消に向かう大きな助けになります。

雑念が浮かんで
うまく集中できない

「集中↓ゆるめる」の反復で心の〝筋トレ〟ができる

心を「今」に集中しようと頑張ってみても、なかなかうまくいかないという人もいるでしょう。「自分は雑念が多すぎる」「集中力がないから無理」など、嘆いたり、投げやりな気持ちになるかもしれませんが、この章の最初に話したように、人の心はコロコロとさまよって当たり前なのです。

心は目には見えるものではありませんが、集中力というのは、じつは筋トレのように、練習を重ねることで強く鍛えることができます。

筋トレは重いダンベルなどを持ちながら、筋肉を伸ばしたり、縮めたりしますよね。つまり、「緊張」と「収縮」をくり返すことによって、筋力が鍛えられていくわけです。

集中力もまったく同じです。心の緊張と収縮をくり返すほど、集中力はどんどん向上していきます。

例えば、キリッと仕事に集中していたはずが、ふと気づくと、ぼんやりと飲み会の予定などを考えていたとします。「しまった」「これだから」など焦ったり、ネガティブに考える必要はありません。別のことを考えてしまったと気づいたら、落ち着いてまた、仕事に集中します。**このキリッ↓ゆるめるという心の動きのくり返しが、心の筋トレになるわけです。**

マインドフルネス瞑想と同じことですが、これは日常のどんなシーンでもできるトレーニングなのです。「集中できない」と気づいたら、そのときこそ心の筋トレのチャンスです。このゆるんでいる自分の心に気づけることも、じつは心を「今」に寄せる練習の成果といえます。

この心の筋トレは、続けることでかならず、集中力が鍛えられていきます。徐々に集中力が高くなると、雑念ばかりか、**日々のイヤなこと、つらいことが以前ほど気にならなくなる**など、心が強くなる変化も実感できますよ。

仕事の集中力アップにも生かせる？

心を「今」に寄せることで仕事の質とスピードが上がる

人生の幸せを考えるとき、仕事で得られる満足感や達成感も抜きにはできません。もし、一日の大半の時間を仕事に費やしているとしたら、仕事に幸せを感じられないならば、人生の大半の時間は幸せではないということになってしまいます。

心を「今」ここに寄せ、その瞬間に全力を注ぐことは、仕事においても、とても有力なスキルアップになります。

現代は情報化社会です。さまざまな情報があふれ、また、パソコンをはじめ、仕事の情報ツールも多岐にわたっています。ＩＴ化によりメールやウェブミーティング、最近では、仕事にもＳＮＳを駆使する人もいることでしょう。

このような急速で多岐な情報化により、こなすべき仕事量は激増しています。メールの返信をしつつ、会議の資料を作成したり、打ち合わせの日程などをSNSで連絡して調整し……。やるべきことに追われ、気がつけば今、何の仕事をしているのかよくわからないといった、心の混乱を招いてしまいます。

仕事を全力でやっているのに、まるで達成感を得られないとしたら、それはやはり、心が「今」に集中していない状況です。

グーグル社のマインドフルネス瞑想を採用した人材開発プログラムにより、創造力が大きく上がったという成果（60ページ）を思い出してみてください。

さまざまな仕事を多岐にこなすマルチタスクよりも、ひとつの仕事に意識を集中するほうが、実際は効率がよく、生産性の向上にもつながるはずです。

片っ端から手をつけて、自分の心をいたずらに混乱させないように、そのときどきで**「今」やるべきことに集中**してみましょう。規模の大小を問わず、ひとつひとつの充実感の積み重ねが、仕事の幸せを大きくしていきます。やがて仕事に生きがいさえ感じられたなら、こんな幸せなことはないでしょう。

どれくらい練習すると効果があるの?

日常のさまざまなシーンで毎日、くり返すことが肝心

心を「今」にとどめるという練習は、けっして難しいことではありません。自分には集中力がないと思う人でも、かならずできるようになります。

ただし、**大切なのは「くり返すこと」です。**

マインドフルネス瞑想も、それを習慣にすることで効果があらわれます。瞑想の時間の長さは、厳密には決められていません。**初心者ならまずは、5分間から始めましょう。**それくらいの時間なら、どんなに忙しい人でも1日のどこかで時間を割くことはできますよね。

マインドフルネスを日常的に行っているグーグル社のビジネスマンは、世界屈指のハードワーカーでありながら、1日に30分間というまとまった時間を瞑

想にあてているのです。それだけの価値がある証拠ともいえるでしょう。

急がば回れといいますが、忙しいときこそ、心を「今」に集中させることで、能力がフルに発揮できることを知っているのです。

例えば、**電車の席に座っているとき**にも、マインドフルネス瞑想と同様に、心を「今」に寄せる練習はできるのです。**デスクワークを始める前の習慣**にしてもよいでしょう。

できれば、**毎日決まったタイミングで行う**ほうが、習慣化しやすいでしょう。**家族や友人と一緒に行う**ことも、モチベーションが上がり、楽しみながら習慣にしやすいのでおすすめです。

心を「今」に寄せる練習を習慣化すると、日常で満足感を得ることが増えていきます。集中力や仕事の効率アップにもなり、満足感の幅が広がって、やがて、人生の大きな幸せにつながっていくわけです。

まずは1日5分間から、日常に取り入れてみてください。**慣れてきたら15分間ほど**できるようになると、効果もさらに高まっていくでしょう。

楽しいオプションを
プラスしたい

お香で瞑想のスイッチを入れる

マインドフルネスは、そもそも仏教から生まれた瞑想法ですが、じつはお寺に欠かせないお線香は、その実践にとても有効なサポーターになります。

「香り」を嗅ぐときは、**鼻で呼吸をしながら、どんな香りがするかと意識を集中させます。**じつはその行為自体が、マインドフルネスに近いわけです。

また、お線香は1本が燃えつきる時間が一定のため、**瞑想のタイマーがわり**にもなります。お線香を焚くことで、**瞑想のスイッチを入れる**わけです。

仏具のお線香に限らず、アロマを楽しむさまざまな形のお香でもかまいません。心地いい香りを嗅ぎながら瞑想をすると、心が集中しやすく、もちろん瞑想の楽しみもぐんと増します。

お香は原料の香木により、香りの特長や効果があることも知られています。私がマインドフルネス瞑想におすすめしたいのは「白檀《びゃくだん》」と「沈香《じんこう》」です。これらはお寺で使われる、お線香やお焼香の主成分でもあります。

●**白檀《びゃくだん》**……別名をサンダルウッドといい、アロマオイルも売られています。白檀の香りには、**心を穏やかにしつつ、現実を冷静に見つめる効果があるといわれています。心を寄せる瞑想にぴったりの香りです。

●**沈香《じんこう》**……希少で非常に高価な香木です。別名をアガーウッドといいますが、アロマオイルでは一般にあまり出回っていません。沈香の香りは**非常に高貴で、その空間が清浄になります。**お寺でも大きな法要などに使われます。特別な日に使ってみてはいかがでしょう。

日常生活でも、花やフルーツの香りなど、良い香りがしたら意識を傾けてみてください。香りをよく嗅ぐ習慣も、心を寄せる練習になります。

ほかにも楽しみ方があれば教えて！

「印」を真似してみよう

この本で紹介したマインドフルネス瞑想（56ページ）では、手は自然にひざの上に置きますが、手のポーズにはバリエーションもあります。

仏教では、この手の組み方のことを「印《いん》」といいます。仏像の手のポーズはすべて印であり、それぞれに名前や意味があります。じつは、おなじみの手と手を合わせる「合掌」も印のひとつです。**このように仏教の手のポーズを真似てみることも、瞑想の楽しみ方のひとつ**でしょう。

●**手のひらバリエ**……ひざの上に置いた手のひらを上に向けるだけでも感覚が変わります。握りしめると意識がとらわれるため、手の

ひらは自然に開きます。

●法界定印《ほっかいじょういん》……座禅を組むときの印です。手のひらを上に向け、右手の上に左手を重ね、両手の親指を自然に合わせます。

●弥陀定印《みだじょういん》……阿弥陀如来《あみだにょらい》の印です。手のひらを上に向けて重ね、それぞれ人差し指を立てて親指と輪を作り、両手の親指を自然に合わせます。ほかにもいろいろな仏像の手の印を観察して真似をすると、お寺参りの楽しみにもなります。

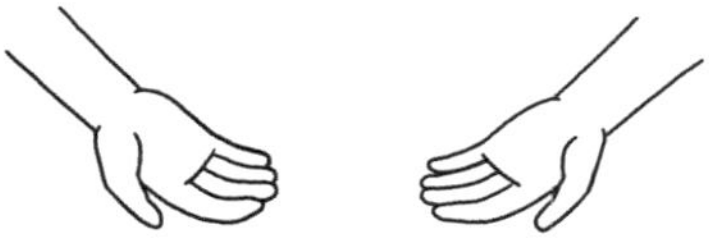
手のひらバリエ

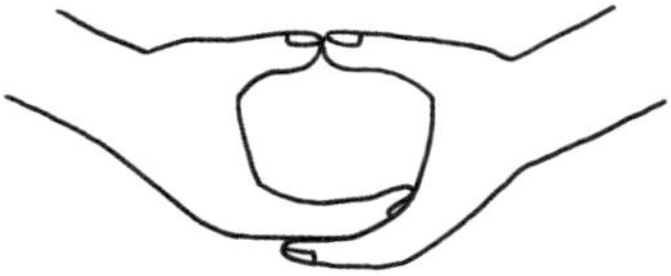
法界定印

弥陀定印

集中のために効果的な音ってある?

ざわつく心はお寺の「鐘」でも整えられる

先ほど紹介したお線香のほかにも、お寺には、ざわつく心を静めて整えるヒントが、じつはたくさん隠されています。

そのひとつが「鐘」です。大晦日につく除夜の鐘もそうですし、本堂でお坊さんがお経を唱えながら「ゴーン」と鳴らす鐘、「チーン」と鳴らすおりんと呼ばれる鐘もあります。

私のお寺では、お経を唱える前に必ず、鐘を8回鳴らします。これは「作相《さそうの》八下《はちげ》」といって、読経の前に心を静かに集中するためのものと考えています。

鐘の音は空間に響き、余韻を残しながら徐々に消えていきます。

その音に意識を集中すると、ざわついていた心もスーッと静かになり、自然とマインドフルネスの心の状態が整うのです。鐘の音は、心を「今」に寄せるためのシンプルで有効なツールといえます。

とくに、ふとしたことで心がコロコロと移ろいやすい人には、鐘の音が心を一カ所にとどめるための助けになります。今回は、この本を読んでくださったみなさんに、**「お坊さんのハピネス・トレーニング」の講座でも使用している、おりんの音をサイトからダウンロードできるようにしました**（8ページ参照）。マインドフルネス瞑想ほか、練習のBGMに、ぜひ役立ててください。

お線香や鐘をはじめ、伝統的にお寺に備えられてきたものは、心を「今」ここに寄せるための環境づくりに有効なものが多く、先人の深い知恵を感じます。

心を「今」ここに寄せることは、この後の章に続く、幸せになる練習のベースになります。 くり返すほど、「今」に意識を戻すことがたやすくなり、日々の幸せが増えていきます。

香りや音など、いつも新鮮な方法を取り入れながら日常の習慣にして、より幸せに満たされる経験を重ねていってください。

第2章

「ありのまま」を見る

くもりのない目で
見れば世界は変わる。

自分が思っている幸せは、果たして
本当に自分にとっての幸せなのでしょうか。
思い込みや偏った見方を正すために
ものごとを客観的に見る
ニュートラルな目を養う練習をします。
見えていなかった幸せは、たくさんあるのです。

いつもありのままに
見ているけど?

自分目線を「ありのまま目線」に変えると違う世界が見える

「ありのまま」に見るとは、どういう意味でしょう。当たり前のことでは?
そう思う人も多いかもしれません。まずは、この絵を見てください。

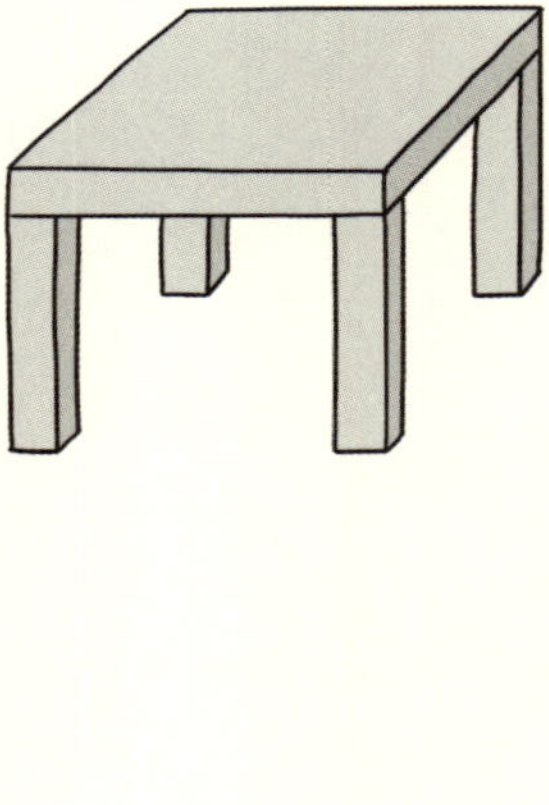

あなたには、これが何に見えますか？　机でしょうか。椅子にも見えます。あるいは、踏み台に見える人もいるかもしれません。

正解は……。そのどれでもなく、どれでもあります。

はぐらかされたような気分になったとしたら、ごめんなさい。ここで私がいいたいのは、**人は自分が見たいように、ものごとを見る**ということです。

私たちは、目に映ったものを「ありのまま」に見ていると思っていますが、実際にはそうでもありません。「自分が見たいと思うもの」を見ているのです。

この絵は、机でも、椅子でも、踏み台でもすべて正解です。

「これは机だ」と思う人にとっては、これは机です。同じように、椅子だと思う人には椅子、踏み台だと思う人には踏み台です。

つまり、同じものを見ても、人によって見方が異なります。正解を決めているのは自分自身です。どう見るかは自由ですが、客観的に見ればそれは不正解かもしれません。**見方が変われば、答えも変わります。自分が正解という決めつけは、単なる思い込みなのです。**

この「ものの見方」について、ハッと気がついたことがありました。

ある秋、お寺の境内で落ち葉掃きをしていたときのことです。

「今、自分は当たり前のように落ち葉を掃き集めているけれど、これはそもそもゴミなのだろうか？　ついさっきまでは、枝についていた『木の葉』だった。ところが、風が吹いてひらひらと地面に落ちた瞬間に『落ち葉』になり、さらに『ゴミ』となってしまっている。木の葉が変化したわけではなく、自分の認識が変化しただけなのだな」と。

見る側の心境によっても、同じものが、まるで違うものに見えてきます。

先ほどの机、椅子、踏み台もそうですが、見る人の判断によって、そのものの価値や意味が変わってくるのです。

日々の生活の中で、私たちは目の前で起こる出来事を見てはいますが、それは「ありのまま」に見ているわけではありません。

「自分の心に映ったもの」を「自分で判断して」見ているのです。

人は自分が見たいように、こうだと思うようにしか、世界を見ていません。

あなたから見た「不幸せ」は、あなた自身にとっての不幸であって、他人から見ればそれは「幸せ」かもしれません。

自分が見ているもの、判断することが、真実とは限りません。

こうだと思い込んでいるだけで、**少し見方を変えれば、まるで違う世界が見えてくる可能性もある**のです。

とはいえ、これまでの自分の見方や判断、価値観を急に変えることは、なかなか簡単なことではありません。

「ありのまま」に見るとは、自分の気持ちや判断を入れず、そのものの事実だけを客観的に見ることです。ニュートラルな目線でそのものを観察すると、ものの見方も変わってきます。

例えば、前ページの絵をありのままに見れば〝脚つきの四角い物体〟です。そう思って見ると、机でも、椅子でも、踏み台でも何でもアリとすんなり納得できますよね。「ありのまま」に見る練習をすると、思い込みにとらわれず、違う見方を受け入れる柔軟性も身につきます。

ありのままに見る
ヒケツは何？

思い込みや感情に流されない「正見」の目を養う

ここに水が入ったコップがあります。あなたには、どう見えますか？

①「まだ半分もある」
②「もう半分しかない」
③「そこにただ、水がある」

同じコップの水なのに、見方によって**水の価値**が変わります。

先ほどの机と椅子と踏み台の例（78ページ）は、自分の主観により、どんなふうにも見えるものでした。

ところが、このコップの水の場合は、もう少し複雑です。

コップの中に水が半分あるのは、揺るぎのない事実です。コップはコップでしかなく、中身の水はちょうど半分。コップは洗面器には見えないし、半分の水は「ちょっと」にも「なみなみと」にも見えません。

すべて事実であるにもかかわらず「まだ半分もある」「もう半分しかない」と、水の状態に**自分の感情をつけ加えて見ている**のです。

ここでこの3つの見方に、それぞれ名前をつけてみましょう。

①「まだ半分もある」は「楽観的な見方」です。前向きな見方といってもいいでしょう。

②「もう半分しかない」は「悲観的な見方」といえそうです。慎重な見方ともいえます。

面白いもので、見る人の感情に加えて、状況によっても見方が変わります。例えば、喉がカラカラで、砂漠のような水が貴重な場所であれば、コップの水を当然、「もう半分しかない」と感じ、大事に飲もうとも思うでしょう。いっぽう、喉がうるおっていれば「まだ半分もある」と感じ、とくにコップの水にありがたみは感じないかもしれません。

では、最後の③「そこにただ、水がある」という見方は、何と呼びましょう。じつは、これが**「ありのままの見方」**です。

「まだ半分もある」や「もう半分しかない」には、見る側の気持ちが含まれていますが、「ありのままの見方」には、見る側の気持ちも状況による価値観も、いっさい含まれていません。ただ物理的に、コップの中に半分の量の水が存在していると事実だけを見ているのです。

仏教では、このものごとをありのままに見ることを**「正見《しょうけん》」**といいます。修行により得られる仏の智慧《ちえ》で、ものごとを見るときはこの正見という態度をとるようにつとめます。

ものごとを主観的な感情、状況などで判断して、偏った見方をするのではなく、**あるものを事実のままに、正しくとらえる**という教えです。

先ほどのコップの水は、正見の態度でいえば「そこにただ、水がある」となりますね。ものごとを「ありのまま」に観察するのです。

日頃から、ものの見方や考え方の軸が、この「ありのまま」にあると、自分の感情や状況、価値観などに左右されることなく、**客観的な見方**ができるようになります。目の前のものや起こった出来事に対して「こうだ」という勝手な思い込みや決めつけをせず、むやみに期待や不安を抱くこともありません。

「ありのまま」に見るクセをつけると、客観的に見る目ができることで、**冷静な判断や柔軟な発想**ができるようになり、ブレない心をつくる支えにもなるでしょう。事実をそのままにとらえることは、**自分の心に必要以上のプレッシャーやダメージを受けないテクニック**ともいえます。

この「ありのまま」という見方も、くり返しの練習で身につくものです。

散歩やウォーキングをしながら習慣にする練習を紹介しましょう。

幸せになる練習

04

「ありのまま」を見る

心にありのままラベルを貼るお散歩瞑想

散歩をしながら、自分の心を「ありのまま」に見る練習をします。心の中で、体の動作や思い浮かんだ出来事の事実をラベルにして貼っていきます。

適した場所 **公園・遊歩道など**

＊車が通らないこと。ベンチや芝生など、休憩場所があるところで実践を。
＊30分以上、1時間くらいは意識を集中させて歩きましょう。

1

歩きながら「足の裏」に意識を向けます。地面が「硬い」「やわらかい」「ぬかるんでいる」「落ち葉を踏んだ」「砂利を蹴った」など、素足の気分で足裏の感触をありのままに観察しながら、しばらく歩きます。

2

今度は「体の動作」に意識を向けます。自然に歩きながら「今、右足を動かした」「左手を振り上げた」「汗を拭いた」など、自分の動作を細かく、ありのままに観察し、そのつど心の中でラベルにして貼っていきます。

3

歩き終えたら座り、今度は心に浮かんできた出来事にラベルを貼ります。「上司に怒られた」「私は○○さんのことを気にかけている」など、他人ごとのように、その出来事を客観的に観察して「事実のみ」を次々とラベルにして貼ります。一度ラベルを貼ったら、それ以上の深追いはしません。

4

ふむふむと心に浮かんだ出来事を観察し、ラベルを貼ったら、最後にまとめて「消去」。スッキリと心から消します。また違う出来事が浮かんだら、同様にくり返しましょう。

**他人目線で心のモヤモヤを
「ありのまま」に観察。
ラベルの意味は
次のページで説明します**

聞きながら練習できる、音声ガイドをダウンロードできます⇒詳細8ページ

お散歩瞑想にある
ラベルって何？

心のラベリング整理で視点をニュートラルに戻す

ものごとを「ありのまま」に見ることは、意識的に心がけるよりも、くり返し実践して、思考のクセにしてしまうことが一番です。前ページのお散歩瞑想は、運動やリラックスにもつながりますから、ぜひ習慣にしてください。

とくにお気に入りのスポットがあると、モチベーションも上がります。普段よりゆっくり歩くことがポイントなので、やはり公園などがおすすめです。

私にもこの歩く瞑想をする、お気に入りの公園があります。歩道にウッドチップが敷きつめられ、歩いていると足にウッドチップのやわらかい感触が伝わってきます。普段の歩くペースなら15分くらいで一周してしまう遊歩道を、ゆっくりと1時間くらいかけて歩きます。晴れた日は、木々の合間からあふれる光が足もとを照らして、とても気持ちよく歩けるのです。

こうして、もくもくと歩いていると、どこからともなく雑念が湧いてきます。歩いている間は、**自分の動きや足の感触などに集中すること**が大切です。マインドフルネス瞑想（56ページ）と同様に、心がコロコロとさまよい始めたら、それに気づき、意識を自分の動きや足に戻しましょう。

散歩が終わってベンチに座ったら、今度は浮かんできた雑念に意識を向け、どんな内容であれ、その考えに淡々と「ラベル」を貼っていきます。

このラベル貼りが「ありのまま」に見る練習のポイントです。

ラベルを貼るときは、自分の感情にとらわれて、あれこれ考え始めてはいけません。**心に浮かんできた出来事を客観的に見て、事実をそのままラベルにして貼り、次々と仕分けをしていく感覚です。**

例えば、上空をヘリコプターが飛んでいたら「ヘリコプターが飛んでいる」「私はうるさいと思っている」という具合です。

とくに、自分の心を大きく占める出来事などは、起こった事実を客観的に観察しながら、できるだけ細かくラベリングすると効果的です。

例えば、上司にガミガミと怒られたイヤな出来事が浮かんだら「上司に怒られた」「私はイヤだと思った」「昨日の出来事だ」という具合です。

そして、心の中でラベルを貼り終えたら、その出来事はもう仕分け終了です。**シュレッダーにかけるような気持ちで、その場で消し去っていきましょう。**

つまり、この心に浮かぶものごとへのラベリング作業は、その出来事を「ありのまま」に観察する練習であると同時に、感情の整理にもなるわけです。

楽観主義の研究の第一人者である、オックスフォード大学のエレーヌ・フォックス博士は、このようなラベルづけに対して「自分の感情にラベルを貼り、単に注意の向かう《対象》として扱えば、ネガティブな経験をもある種、超然とした立場から眺められるようになる」と述べています。

とくに、頭から離れないようなイヤな出来事、ストレスのもとや悩みなどは、客観的に事実を観察してラベルを貼り、最後にシュレッダーにかけて消し去ることで、心がスッキリとするでしょう。

目の前にある「もの」を観察することは比較的、たやすいことですが、自分の心に湧く感情を「ありのまま」に見ることは、なかなか難しいものです。しかし、**心が乱されるようなつらく悲しい気持ち、冷静になれない怒りの感情なども、このラベリング作業により「一歩引いて見る」ことができる**ようになります。過去のトラウマや不安、悩み、心配ごとなどにも有効です。

この単純なラベル貼りによって、自分自身を「ありのまま」に観察する客観的視点が生まれます。

上司に怒られた出来事も「私、上司に怒られてたな〜」「逆ギレしたくなる気持ちもわかるな」というふうに、自分の感情だけに振り回されず、落ち着いて考えることができます。必要以上に凹んだり、悩むことではないと、楽観的な見方もできるようになるでしょう。

「ありのまま」に見るとは、**ニュートラルな澄んだ目でものごとを見ること**です。いつも新鮮な気持ちで、ものごとや人と向き合うことで、**新しい発見や出会い、気づきの頻度などがぐんぐん増えていきます。**

ポジティブな見方は
必要ないの？

一休さんに教わる「ありのまま＋楽観」のバランス

これまで「ありのまま」に見ることが、自分自身を客観的に見つめ、思い込みや割り切れない感情のリセットに役立つことを話してきました。自分のいる世界を「ありのまま」に見る習慣は、「幸せ探し」で迷って自分を見失わない秘訣ともいえるでしょう。

ただし、ありのままに正しく見る目さえあれば、現実の生活がすべてうまくいくかというと、そうとはいい切れません。

ここで、とんちで有名な「一休さん」のあるエピソードを紹介します。

一休さんは、実在したお坊さんです。自分の寿命が終わりに近づいたと悟ったとき、一休さんは一通の遺書をしたため、弟子たちにこういいました。

「わしの亡きあと、この寺がどうにも困った状況になったときは、この手紙を開くとよい。しかし、それ以外のときはけっして開いてはならんぞ」

そういい残し、一休さんはまもなく亡くなりました。

やがて、案じていたお寺の存続があやぶまれる、ピンチが訪れます。

いよいよ、弟子たちは一休さんの遺書を開く決心をしました。師匠である一休和尚の助言を仰ぐときがきたのです。そこにはきっと、現状を打破できる秘策があるに違いないと、弟子はその封を解きました。

すると、その遺書にはこう書かれていたそうです。

「なるようになる、心配するな」

弟子たちは、さぞやがっくりと肩を落としたことでしょう。そこにはきっと、一休和尚直伝の秘策が書かれていると期待していたからです。しかし、この言葉には、一休さんの深い人生への洞察が込められていると私は考えます。

この「なるようになる」という言葉には、「ありのまま」に見る正見《しょうけん》とともに、「どうにかなる」という楽観的なものの見方が込められています。

悟りを開いた一休さんなら、ありのままにものごとを見て、流されない心を持っていたことと思います。

それだけでなく、そこに「楽観」というものの見方をつけ加えたのが、さすが、一休さんのすごいところです。遺書にまで、とんちのきいた一休さんらしさがあふれています。

困ったときは、ものごとを正しく見つめるとともに、ときには「どうにかなる」と楽観をすることも必要だと、一休さんは弟子に教えているのです。

ありのままに見て、迷ったり悩んだり、勘違いをしないことは、人生の道を見失わない秘訣です。さらに楽観を加えて、困難にも動じず、いつも前を見て進むことができれば最強です。

また、デボラ・ダナー博士というポジティブ心理学の研究者が修道女を対象に行った研究調査で「楽観」に関する興味深いデータもあります。彼女らは修道院で衣食住をともにし、同じ生活環境にいます。彼女らの日記から、ものの見方でふたつのグループに分けたところ、楽観的な修道女は、悲観的な修道女に比べ、平均10年も長生きをしたという結果が明らかになったのです。

もちろん、あらゆることを楽観的に見ればいいかというと、それは考えものです。心理学では、**幸せの黄金比率は「ポジティブ3対ネガティブ1」**ともいわれています。なぜなら、ネガティブなものの見方も、ものごとを慎重にとらえられるという点では有利に働くのです。

例えば、楽観的なものの見方しかしないパイロットが操縦する飛行機に、乗りたいと思いますか？　天候が悪くても「大丈夫！　なんとかなる！」では、困ります。安全や慎重さが求められる場面では、楽観がかえってリスクを高めることもあるわけです。

幸せについても、万事がポジティブ思考であるほうが有利かといえば、そうではないと私は考えます。「ありのまま」というニュートラルな目を持ち、ときに「楽観」のオプションが必要。一休さんのバランスがお手本です。

イラッとする人にも
ありのままは役立つ？

「ありのままラベル」で心に余裕をつくることができる

心に余裕がある人は、むやみに感情に振り回されず、いつも穏やかで幸せそうに見えるものです。では、忙しさなどで心に余裕がないときは、どうすればいいのでしょう。

私たちのものの見方は、これまでの長い習慣でつちかわれてきたクセのようなところがあります。自分でも気がつかないうちに、とっさに決まった思考パターンで、ものごとをとらえてしまいがちです。

たとえば、電車のホームで見知らぬ人に、肩をぶつけられたとします。

とっさにムッとしたり、ギロリとにらみをきかせたり、舌打ちをしてしまうかもしれません。

ささいな一瞬の出来事ですが、これは「肩がぶつかった」→「ムッとする」という、決まった思考パターンによるものです。肩がぶつかった「刺激」が心に伝わり、ムッとするという「反応」が、これまでのクセによって瞬間的に出てしまうわけです。

しかし、**この刺激と反応の間に、本来はわずかな「余裕」があります。**

「刺激を受けてからどういう反応を選ぶか、そこに人の自由と力がある」と精神科医のヴィクトール・フランクルは述べています。

私たちが持つ五感は、常に外界からさまざまな刺激を受けています。ひとつひとつの刺激に対して、どのような判断をして反応を返すかは、すべての人に共通のパターンがあるわけではありません。

甘いケーキの匂いを嗅いで「おいしそう！」と感じる人もいれば、甘いものが苦手な人には「うぇっ」と苦痛になる場合もあります。

どちらがいい悪いもありませんし、どう感じて反応するかは、当然のことながらその人の自由です。

先ほどの電車の話で、私はじつは意図的に「肩をぶつけられて」と書きました。そもそも、「ぶつけられた」と感じる時点で、無条件に相手のせいにしていますよね。

「ありのまま」に見れば、実際はただ、ぶつかっただけのことです。相手から見れば、自分がぶつけたほうの立場かもしれません。**刺激と反応の間に余裕がないと、瞬間的に「相手が悪いのだ」と間違った判断をしてしまうのです。**

刺激（ぶつかる）から反応（ムッとする）までの間に、心の余裕をつくるために、先ほど話したラベル貼り（88ページ）を使ってみましょう。

ぶつかる**↓「あ、ぶつかった」とありのままラベルを貼る↓**ムッとする

この真ん中のクッションが、ラベル貼りで生まれた「心の余裕」です。ここでは、反応をムッとするのままにしていますが、実際には、その後の反応が変わってきます。

「相手も急いでいたのかな」とか「今日は人が多いな」など、瞬間的にイラッとすることがなくなるでしょう。

多くの人が利用している、ＬＩＮＥの「既読スルー」はどうでしょう。自分のメッセージに既読マークがついているのに返事がない……。心に余裕がないと、返事がない（刺激）→無視された（反応）と感じる人が多いのではないでしょうか。「ありのまま」に見て、心に余裕をつくれば、既読はただの既読としてとらえることができます。相手は忙しくて返事ができないのかもしれないし、忘れているのかもしれません。「既読」に意味をつけているのは自分です。

今、起こったことに、どういう反応を返すか。ほんの一瞬の出来事にも、「ありのまま」の見方をプラスして、心に余裕をつくりましょう。すると、**勝手に自分で意味づけした思い込みの反応をしなくなります。**

この「心の余裕」をつくるラベル貼りをくり返すと、確実に世界との関わり方が変わってきます。自分のこれまでのものの見方のクセを捨てると、驚くほど新しい自分に出会うことができるはずです。

第3章

「思いやり」を深める

人とつながる
スキルを高めよう。

人との縁は、幸せをつくる大切な要素。
わかっていても、つい自分本位になったり
人とぶつかることもあるものです。
人とのつながりを深めるカギは
トークのうまさの前にまず
相手の気持ちや状況を察する心です。

思いやりって
簡単に生まれるもの？

相手の状況を察する「共感力」がキーワード

「思いやり」は多くの人が、道徳的に子どもの頃から、何度となく聞かされてきた言葉のひとつでしょう。

私も小学生の頃、全校集会で先生が「人生に一番大切なものは思いやり」とおっしゃっていたことが記憶に残っています。とはいえ、学生の頃はどこか集団生活のうえでのきれいごとのように感じられ、意味を深く考えることもありませんでした。同じような人は、少なくないでしょう。

しかし、社会に出て、子の親となった今、あらためてこの「思いやり」は、人が幸せに生きるために欠かせない、大切な要素だと実感しています。

人は「ひとり」では生きていけません。

家族や友人、仕事関係からご近所の人まで、人の心には人とつながり、仲良くなりたいという本能的な欲求があるように思います。

そして、**互いを思いやり、やさしさや感謝が交わされるとき、心のつながりがより深まり、ホルモンの分泌により幸福感に満たされる**ことが科学的にもわかっています。

「思いやり」は、人と人との仲を深め、心をじんわりとした幸せで満たす非常に優れた働きをするのです。

では、人への思いやりを深めるには、どうすればいいのでしょう。

思いやりは心の動きですが、普段、自分で「今、私は人を思いやっている」と実感している人も、あまりいないでしょう。

そこで、思いやりの前に、まず知っておきたいのが**「共感力」**です。

最近、この共感力が、コミュニケーションを高める重要なスキルとして、ビジネスシーンなどでも注目されています。

よく、人の意見や行動に賛同するようなときに「共感できる」と表現しますが、この共感とは少し意味合いが異なります。

共感力とは「相手の状況を察することができる心の働き」です。

例えば、仕事を休んで、友人とふたりでハワイ旅行に出かける予定だったとしましょう。出発当日になって、友人から「38度の熱が出て行けない」と電話がかかってきました。あなたなら、とっさに何と答えますか?

「ふたりきりだし、向こうのホテルで寝てればよくなるよ。せっかくの休暇なんだから、頑張って行こうよ!」

確かに、ひとりのハワイ旅行は寂しいですよね。ハワイの心地よい環境で休めば、熱も下がるかもしれません。とはいえ、友人は今、高熱でつらいのです。

「無理をしないで、ゆっくり休んで。お土産買ってくるからお大事にね」

相手の体調を気遣い、お見舞いの言葉をかける人もいるでしょう。がっかりしたのは本音でも、一番残念に思っているのは、楽しみにしていたハワイに行けない友人のはずです。

前者も思ったことを素直にいっただけで、悪気はないのかもしれません。ただ、**とっさに相手の残念な気持ちを想像することができるかどうか。**これが共感力の高さの差といえます。

また、自分が熱を出したほうの立場だとしたら、どちらの言葉に心を動かされ、好意や感謝を返したいと思うでしょう。

人への思いやりは、相手の状況を察する「共感力」から始まります。

人に意識を向けられる共感力の高い人は、その相手や周囲の人からもまた、意識を向けられます。

良好なコミュニケーションから、互いの思いやりが深まり、幸せな人間関係がつくられていくわけです。

空気を読めば
いいってこと?

共感を行動に移すことで思いやりとやさしさが生まれる

共感力とは「相手の状況を察すること」と前ページで説明しました。

これをよくいう「空気を読む」という言葉と同じ意味にとらえる人もいるかもしれませんが、それは誤解です。

空気を読むというのは、人を含めて場の雰囲気や話の流れを察知し、それに合わせた言動をとるようなときに使われます。

共感力は相手や周囲の人に意識を向ける、自分自身の心の働きです。

そして、この共感の先に「思いやり」が生まれ、さらに人への「やさしさ」が生まれ、人と人との結びつきがより深まっていくのです。

人を思いやり、やさしくしようといわれても、当たり前すぎてピンとこない人も多いことでしょう。まずは共感力から連動していくしくみを理解して、日常で実践していきましょう。

共感は、相手の状況や気持ちを察することですが、ただ、相手のことを思っているだけでは意味がありません。

相手の状況を察したら、そのために自分が何をできるかを考え、言葉をかけたり行動に移すことで、初めて相手に届きます。

例をあげてみましょう。

どんなに健康な人も、一度くらいは風邪をひいたことがあるでしょう。「風邪とはどんなものか」を知っているわけです。

もしも目の前に、咳をして、ずるずると鼻水をすする人がいれば「あ、風邪をひいてるんだな」と相手の状況がすぐに察せられます。

あなたは過去の自分の体験から、寒気がするだろうから、相手に何か温かい飲みものを用意しようかと考えます。コーヒーや紅茶などの刺激物は避け、しょうが湯がよいかと考える人もいるかもしれません。

この一連の流れで、相手が風邪をひいていると気づくことは**共感**です。

さらに、温かい飲みものを用意しようと考えることは**思いやり**です。

さらに、実際に温かい飲みものを作るという行動を起こすことで、**やさしさ**として相手へ差し出されるのです。

そして、共感力が高く、相手の状況をきめ細やかに察することができると、相手が求めているもの、必要としているものを、それを請われずとも差し出すことができるようになります。

これを仏教では**「不請《ふしょう》」**といいます。

相手が望む前に、相手が真に必要としているものを差し出すということです。

心理学においても、思いやりは人から受けるよりも、**自分が人に思いやりを向けるときのほうが、幸福を感じる**と考えられています。

女性は男性に、男性は女性に、やさしくされたいと願う人は少なくないかもしれません。

思いやりにあふれ、自分が望むものを差し出してくれるパートナーに出会えたら、最高に幸せと考える人もいるでしょう。

ところが、**仏教や心理学から見れば、人にやさしくされるよりも、相手にやさしさを差し出すほうが、幸せを得られる**わけです。

相手への深い思いやりから生まれるやさしさは、見返りを期待しての行動ではありません。

もしも「私はやさしくしたのに、なぜ返してくれないの」と思うなら、それは相手への思いやりではなく、自分のためにとった行動といえるでしょう。

共感力を高めると、思いやりが深まり、実際に動いて相手が望むやさしさを差し出すと、相手はもちろん、自分自身の心も幸せに満たされます。

また、心が幸せに満たされているとき、人はやさしく大らかになれるものです。共感、思いやり、やさしさによる、幸せの連鎖が生まれるわけです。

共感は相手がいてこそですが、ひとりでも意図的に共感力を高める練習はできます。さっそく、人に意識を向けるトレーニングで、自分自身の心の動きを実感してみましょう。

幸せになる練習 05

「思いやり」を深める

「あの人」を思って共感力を鍛えよう

空っぽの椅子を使って「共感」をする練習です。自分にとって大切な人を思い浮かべ、その人の現状や気持ちに共感します。相手の表情や存在をリアルに感じましょう。

用意するもの

椅子2脚（あれば、テーブルをはさむ）

「あの人」を決めて椅子を置く

まず、相手を決めます。「私にとって大切な人」「今、会いたいと思う人」がいいでしょう。暑くも寒くもない快適な場所を選び、そこに、椅子2脚とあればテーブルを置きます。相手との関係性により、椅子の配置を変えてみましょう。

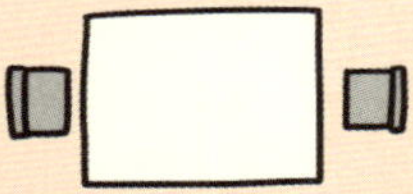

真正面に座る

家族や身内といった親しい人なら真正面に。向かい合っても気楽な人です。

横並びに座る

仕事の上司や先輩などは横並びに。正面に座るよりも緊張しません。

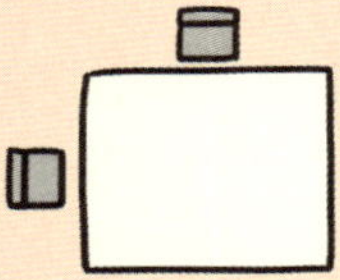

直角に座る

友人や恋人など、好きな人、親密な相手に。ひざをつき合わせるイメージ。

大切な人が椅子に
座っているイメージで
相手を思い、気持ちを察する
共感力を鍛えます

やり方

1. 椅子に座り、空いている椅子に、「あの人」が座っていることをイメージします。
2. 意識を相手に向け「顔全体」をイメージします。集中して、「あの人」が今、どんな「表情」をしているか思い浮かべます。
3. その表情から、「あの人」の気持ちや状況をていねいに読み取りましょう。
4. 今度は読み取ったことから、自分がどう感じたかを意識します。
5. 徐々に「あの人」の存在全体を意識して、抱きしめるように「あの人」をたっぷりと感じます。
6. 最後に、「あの人」に対する思いと愛情を感じましょう。

聞きながら練習できる、音声ガイドをダウンロードできます⇒詳細8ページ

空っぽの椅子の練習で
何が変わるの?

相手を思いやることで自分の心が幸せに満たされる

前ページでは大切な人に思いをはせることで、共感力を高める練習をしました。「あの人」の表情や人柄、こういったらこう答えるだろう……。相手に意識を強く集中させることで、日常では忘れていたさまざまなことを思い出したり、愛情が湧いてきて、じんわりと心が温かくなるような気持ちを覚えた人もいるかもしれません。

この空っぽの椅子に思いを寄せる練習をすると、相手の感情に寄り添うだけでなく、**相手の幸せを願ったり、もし今、相手がつらい状況なら、苦悩を取り除きたいといった気持ちが徐々に湧いてきます。**

それは、深い共感からもたらされる「慈しみ」の心です。

家族や恋人だけでなく、仕事関係などの利害関係がある相手を設定した場合でも、面と向かうよりも穏やかに、相手を思う気持ちが実感できたのではないでしょうか。

相手のことを心配したり、「どうしてるかな」と気にかけること自体が、すでに思いやりでもあるのです。

これを仏教では**「慈悲《じひ》」**といいます。人は、自分と他者という境界をなくし、すべてのものに深い慈愛を抱くことができるといわれています。

心理学では「コンパッション」といいます。日本語で表すと、思いやりや慈愛です。

さらに、この空っぽの椅子に思いを寄せる練習では、**相手を思いやる気持ちが自分の心にフィードバックされます。**「大切な人に心寄せて思いやり、よい時間を過ごした」という幸福感が満ちてくるのです。

最初は奇妙な心地がするかもしれませんが、ぜひ習慣にしてみてください。自分の心にある「思いやり」に、気づくこともできます。

思いやりが湧かない
自分は冷たい人間？

他人の前にまず自分自身に やさしくすることが大切

人にやさしくされるより、やさしくするほうが幸せになると話しましたが（109ページ）、これについて違う角度から、もう少し考えてみましょう。

飛行機に乗ると、必ず座席のポケットに備えられている「安全のしおり」というパンフレットがあります。このしおりには、ライフジャケットの着け方、避難時の経路、そして酸素マスクの装着の仕方など、非常時の対応がいくつか解説されています。覚えがない人は、次に飛行機に乗ったら、ぜひチェックしてみてください。

このしおりに書かれた酸素マスクの着け方を見たときに、私は違和感を覚えました。およそ、どの航空会社でも手順がイラストで書かれていますが、以下のような順番で酸素マスクを装着するように指示されています。絵には座席に母親と思われる女性と、そのお子さんと思われる男の子が座っています。

1. 酸素マスクが降りてくる。
2. 保護者であるお母さんが、真っ先にマスクを着ける。
3. その後、子どもにマスクを装着する。

どうですか？　常識的に考えれば、母親なら幼い子どもに真っ先にマスクを装着すべきところだと思われます。

ところが、このしおりでは、保護者が優先的にマスクを着けるように指示されているのです。これはどういうことでしょう。

じつは、そこには深い理由が隠されていました。

しっかりと安全を確保するためには、まず最初に「自分」の安全を確保しなければ、他者も助けられないということです。

小さな子連れであればなおのこと、親が安全であってこそ、子どもの安全も着実に確保できるということを強調していると読み取れます。

非常時に自分を差し置いてでも弱者の救援をするという自己犠牲は、道徳的に考えれば美徳とされるでしょう。

しかし、冷静に考えれば合理的で、より確実なのは、安全のしおりの「まず自分」という考え方なのです。

人を思いやり、やさしさを差し出す場合でも、同じことがいえます。

まず、**自らを思いやることができなければ、他人を思いやる心の余裕がなくても仕方がない**といえるでしょう。

例えば、雑草が生い茂った手入れの行き届いていない庭の持ち主が、隣の家の庭のガーデニングを手伝えるでしょうか。よほど、お世話になっているなどの理由がなければ「わが家でさえ手が回らないのに、他人の庭など手伝えるものか」となりますよね。

仏教では、このようなことを**「自利利他《じりりた》」**といいます。

自利とは、自己の修行により得た利益《りやく》を自分のものとして受け取ることです。利他とは、自己の利益だけにとどめず、他の人々の救済にも利益を与え尽くすことです。

この自利と利他を完全に両立させることが、仏教では理想とされています。まず、自分自身にしっかりと慈悲の心をもたらしてから、他者への慈悲を表現できるという意味でもあります。

飛行機の酸素マスクの例えも、この自利利他の精神といっていいでしょう。人に心を寄せ、思いやりを深めるためには、まず自分自身と向き合い、自らを思いやることが必要なのです。

もしも、大切な人に思いを寄せる練習で、自分の中に人を思いやる気持ちが湧いてこなかったとしても、自分は冷たい人間と責めたり、自己嫌悪をしてはいけません。まず、自分への思いやりを深めることから始めましょう。

人にやさしくされることを望むより、まず自分自身にやさしくするほうが、心は満たされます。まず自利があって、利他ができるのです。

自分を思いやるって
どういうこと?

心の奥にいる慈悲の自分を見つけ出して観察しよう

人を思いやることが難しいと感じるなら、まず自分を思いやること。これが自利利他《じりりた》の精神です。

とはいえまだ「自分を思いやる」とは抽象的に感じる人も多いでしょう。

まず、知っておきたいことは、自分はクールな人間だと思っていても、あるいは自分に厳しくても、**どんな人の心にもかならず「思いやり」の気持ちはある**という事実です。その存在に気づき、認めることから始めましょう。

「人を思いやれない自分」を考えるとき、少なからず自分を否定するような気持ちが生まれます。自分に嫌気がさしたり、無意識に自分を責めたり、意固地になっているかもしれません。

次のページの練習でさっそく、自分の中の思いやりを見つけましょう。

練習では、あなたに**1人3役**を演じていただきます。

今、あなたの心が抱えている問題について、「批判家」「批判される自分」「慈悲の自分」になって議論をするのです。

例えば、仕事の悩みや人間関係、恋愛の悩み、家族のことなど、どのような問題でもかまいません。あなたが今、気に病んでいること、重要な問題と考えているテーマをひとつ決め、議論を始めましょう。

やり方は簡単です。**まず、問題について「批判家」の立場で意見をいいます。**いわば自己批判ですが、どう感じているかについて、実際に言葉や文字にして、明らかにしてください。普段、考えないようにしている、本音の自己批判をして厳しい口調で責めてもかまいません。

次は「批判されている自分」の役です。それまでの厳しい自己批判で「はぁ」と落ち込んでいる気持ち、あるいは言い訳、悔しさ、恥ずかしさ、情けなさなどを吐き出します。自己嫌悪に陥るかもしれませんが、ここはぐっとこらえて、批判家に対して「あなたの言い分」をいいましょう。

ひとしきり意見をしたら、**もう一度「批判家」に戻ります。**そして、先ほどの「言い分」に対し、再び批判をぶつけましょう。

さらに、**再び「批判されている自分」に戻ります。**めそめそでも逆ギレでも、批判家への言い分を言葉や文にして明らかにします。

この交互のやりとりをじっと観察し、批判する側、される側それぞれが、何をいいたいのか、なぜそういうのかを理解するまで、真剣にじっくりと両者の意見について考えてみましょう。

しめくくりに登場するのは「**慈悲の自分**」です。ここで肝心なのは「**批判家」と「批判される自分」のどちらも責めないこと**です。いい悪いではありません。「まあ、落ち着きなさい」といった具合に、諭すような気持ちで、両者のやりとりで感じたことをいいます。

そして「批判される自分」に言葉をかけましょう。「あなたは十分、つらい思いをした。もうそれ以上、自分を苦しめる必要はない」など、お釈迦様になったつもりで慈悲に満ちた言葉をかけてあげましょう。言葉を選ぶかもしれませんが、それが**心の中にある「思いやりの自分」**です。

さて、じつはここからが重要なのです。

そのまま「慈悲の自分」をじっくりと観察してみましょう。自分を外側から客観的にしげしげと観察するイメージです。

慈悲の心を持つ自分は、どのような表情、態度をしているでしょうか？　柔和なやさしい顔でしょうか。口調は穏やかでしょうか。

慈悲の自分を確かめたら、議論は終了です。どのような対話か、あらためて振り返ってみましょう。大なり小なり、かならず自分でわからなかった新しい気づきがあるはずです。

厳しい、情けない、そしてどちらも否定しない慈悲の自分。**どの自分もありのままに受け入れることで、自分への思いやりは深まります。**練習を何度かくり返すと、いかなる自分も受け入れられるようになるでしょう。気持ちが練習前より穏やかになったとき、そこに「思いやりの自分」がちゃんと存在します。

幸せになる練習 06

「思いやり」を深める

思いやりを知る「3人の自分」のトーク

前ページで話した1人3役で、あなたが今、抱えている問題について議論をします。テーマをひとつ決め、左ページのトークシートを使って議論しましょう。

用意するもの トークシート・ペン

＊左ページの空欄シートをダウンロードするか、コピーして使いましょう。

役割と議論の進め方

①批判家

テーマの今、抱えている問題について、ビシビシと容赦なく自分を批判して責めます。

②批判される自分

批判に対して「だって」「でも」と自分なりの言い分をいいます。責められて、どう感じているかも考えましょう。

③批判家

言い訳をする自分に「だからさぁ」と、さらに厳しくバッシングをします。

④批判される自分

厳しい批判に「そうはいっても…」と、再び言い分や感じたことをいいます。

⑤慈悲の自分

ふたりの言い分をじっくり考えます。どちらも自分です。双方を理解したうえで、ふたりを慈しみ、やさしく諭します。思い至った言葉が自分の中にある「思いやり」です。

左ページのシートをダウンロードできます⇒詳細8ページ

＿＿＿＿＿＿＿＿について議論をします

自分を責めすぎて
苦しくなる……

"3人めの自分"を信じて大切に育てていこう

1人3役の練習を通して、自分への思いやりの心を感じることができたでしょうか。おそらく多くの人は、先ほどの「批判家」と「批判される自分」を認識しながら、日常生活を送っていると思います。

「自らを律する」ということは素晴らしい美徳ですが、人は批判することのほうが得意なようで、何かつまずくたびに自分自身を責めてしまっています。

外だけでなく、自分の中にもストレスを与える「批判家」がいれば、心身の不調がもたらされることも容易に想像がつきますよね。

一見、正しい自分のあり方である「自律《じりつ》」も、行き過ぎれば自らを傷つけてしまいます。「批判される自分」は、さぞ苦しい思いをしていることでしょう。

自分を責めすぎず、また甘やかしすぎないことは、仏教では**「中道《ちゅうどう》」**として説きます。ひとことでいえば、これは「よい加減＝いい加減」という考え方です。お釈迦様が厳しい修行から抜け出した、最初のきっかけでもあります。

どんな人の心にもかかならず「思いやりの自分」は、見つけ出すことができます。先ほどの練習で登場した3人めの「慈悲の自分」ですね。この3人めに気づき、よりはっきりと認識をして、存在を大きくしていってください。

また、日常生活の中にも、自分を思いやれる場面はたくさんあるものです。例えば、お風呂で自分の体を洗うときに、自分への慈悲の心をもって、素手でやさしく洗ってみてください。自分の手で洗うことで、自分自身の体に思いやりを注ぐことができるでしょう。

3人めの「慈悲の自分」を育み、信じることは、自分へのとても温かく愛情に満ちた思いやりです。自分自身を幸せにする方法ともいえるでしょう。幸せには柔軟な心が不可欠です。疲れたときには3人めの「慈悲の自分」を思い出して、自分自身の存在を慈しんでください。

人への思いやりは
深まったのだろうか？

思いやりはあらゆるものに向けられる

人に思いやりを向けるときは、おそらく誰もが、自分にとって大切な人や好意の持てる人を対象にすることと思います。しかし、**自分の思いやりは、誰にでも向けられるものです。**たとえ嫌いな人にも、見知らぬ人にも、自然の植物や動物、モノにだって向けることができるのです。

そこで、思いやりを深めるしめくくりに、仏教の伝統的な「慈悲の瞑想」を紹介します。ある実験で、２０２人の被験者がこの瞑想を9週間行ったところ、**幸福を感じる度合いがぐんぐん上がった**という報告もあります。

始まりはまず、自分への慈悲からです。姿勢を整えて呼吸も整え、心が落ち着いてきたら、さっそく始めましょう。

幸せになる練習 07

「思いやり」を深める

「慈悲の瞑想」で幸福力を高めよう

自分や人のために、4つの慈悲の祈りを唱えます。心を「祈る対象」に寄せましょう。

心の準備と唱え方

まず、自分の大切な人たちを思い、その人たちの顔を思い浮かべます。次に、自分の嫌いな人、イライラとする人を思い、同じく顔を思い浮かべます。以下の言葉を心の中か、声に出して唱えます。姿勢と呼吸を整え、自分への慈悲から順に唱えましょう。

1 自分自身への慈悲

自利利他《じりりた》の精神で、まず自分自身の幸せを祈ります。

私は幸せでありますように
私の悩み苦しみがなくなりますように
私の願いごとが叶えられますように
私は幸せでありますように
私は幸せでありますように
私は幸せでありますように……

2 親しい人々への慈悲

次は、家族や友人などの顔を思い浮かべて祈ります。

私の親しい人々が幸せでありますように
私の親しい人々の悩み苦しみが
なくなりますように
私の親しい人々の願いごとが
叶えられますように
私の親しい人々が幸せでありますように
私の親しい人々が幸せでありますように
私の親しい人々が
幸せでありますように……

3 嫌いな人への慈悲

嫌いな人にも思いやりを向け、慈悲の自分を養います。

私の嫌いな人が幸せでありますように
私の嫌いな人の悩み苦しみが
なくなりますように
私の嫌いな人の願いごとが
叶えられますように
私の嫌いな人が幸せでありますように
私の嫌いな人が幸せでありますように
私の嫌いな人が
幸せでありますように……

4

生きとし生けるものへの慈悲

自分のいる世界のすべてを慈しみ、幸せを願います。

生きとし生けるものが幸せでありますように
生きとし生けるものの
悩み苦しみがなくなりますように
生きとし生けるものの
願いごとが叶えられますように
生きとし生けるものが幸せでありますように
生きとし生けるものが幸せでありますように
生きとし生けるものが
幸せでありますように……

唱えた後、どんな感じがしたかに注目。習慣にして慈悲の自分と幸福感が大きくなることを感じましょう

聞きながら練習できる、音声ガイドをダウンロードできます ⇒詳細8ページ

嫌いな人は思いやることができない……

人へのネガティブな感情も慈悲の心でかならず手放せる

慈悲の瞑想を体験してみて、どう感じましたか？

心が温かくなるような気持ちがした人もいるでしょう。嫌いな人にはっきり口に出して思いやりを向けることで、心がざわざわとしたかもしれません。

「お坊さんのハピネス・トレーニング」のワークショップでも慈悲の瞑想を行いますが、嫌いな人のパートになったとたん、心を乱してしまう人は少なくありません。他人の心は変えられなくても、自分の相手に対する気持ちは、自分の心ひとつでいくらでも変えられます。嫌いな人へのパートも避けず、どうか慈悲の瞑想をくり返してみてください。

他者への思いやりが深まり、心に余裕が生まれたと感じたときには、すでに

「嫌い」という感情を自分から手放しています。

くり返すことで、嫌いな人への感情が、思いやりに変わっていく実感もあるでしょう。そのとき、あなたの幸せを感じる力は、格段に上がっています。

もしも、どれだけたっても嫌な人に対して思いやりが持てなかったとしても、自分はイヤな人間なのかと落ち込むことはありません。

ただ、諦めずに瞑想をくり返してください。思いやりや慈悲の心は、人に生来あるものです。誰にでもかならず、育てることができるのです。

人への根深い怒りや恨み、憎しみといったネガティブな感情は、相手ではなく、自分自身の心の問題です。どんなに自分が誰かを恨み憎んでも、相手はあなたの気持ちなどおかまいなしに生きています。

慈悲の心を大切に育てると、思いやりの心も深まります。

やがて、相手に会ったときに自然と笑顔になれたなら、間違いなく、あなたに幸せになる力が備わった証拠です。

第4章

「自分らしさ」を生かす

自分を知ると
幸せが見えてくる。

自分の欠点ばかり気にしていては
凹むばかりで、なかなか幸せになれません。
自分のいいところ、強みを見つける練習をして
それを最大限に生かしましょう。
自分はこれでいいと心から思えると
幸せになるスピードはどんどん加速します。

自分らしさって何だろう？

弱みより強みを伸ばすことで自分らしさが輝き出す

仏教の経典にこんな言葉があります。

「青色《しょうしき》青光《しょうこう》　黄色《おうしき》黄光《おうこう》　赤色《しゃくしき》赤光《しゃっこう》　白色《びゃくしき》白光《びゃっこう》」

これは極楽浄土の蓮《はす》の花の様子を表しています。青い花は青く光り、黄の花は黄色に光り……。それぞれが、自分の色で光り輝いているといっています。

現代社会では、わざわざ「青を緑に」「赤を青に」と、無理に変える努力を強いられます。のんびり屋には「やることが遅いのだから、人の3倍勉強しろ」。大人しい人には「覇気がない。もっと自分をアピールしろ」。

とかく「弱みの克服」が美徳とされ、子どもから社会人まで、長所よりもむしろ、欠点のほうがクローズアップされがちです。

「青を緑に」と本質を変えるには、余計なエネルギーを使います。

「青は青」のまま「より美しい青」を目指せば、少ないエネルギーと時間で、光り輝くことができるはずです。

つまり、弱みを克服するよりも、**自分の強みを生かし、それを伸ばすほうが、よほど効率よく自己実現ができます。**

この「強み」こそが、この章でいう「自分らしさ」です。

強みとは、自分の長所や得意なこと。これまで出せなかった隠れた才能などもそうでしょう。自分らしさを生かすというのは「自己肯定」です。喜びや満足感、何よりも「自信」を生み出します。**強みを伸ばすことは、弱みの克服よりもずっと、大きな幸せをもたらすのです。**

自分の強みがわからないという人は、自分と向き合い、それを探ることが始まりです。自分の色をきちんと見定め、しっかり輝かせていきましょう。

理想の自分を
実現させるには?

小さな充実感と達成感の積み重ねが大きな幸せになる

自分の強みを伸ばすために、夢や目標を持つことも大切でしょう。

幸せ＝理想の実現と、大きな夢や高い目標を掲げる人もいるかもしれません。ところが、心理学では**目標を高く設定すると、自分自身のモチベーションを維持しにくい**という報告があります。

壮大な目標を立てたものの、それを前にして立ちすくんでしまうのです。何から手をつけたらよいのやら、オロオロしてしまうともいえます。

じつは、**幸せになるためには「低い目標設定」のほうが重要**になります。

ただし、最終的な目標そのものが低いわけではありません。小さな目標をいくつも積み重ね、一段ずつ階段を昇るように、てっぺんの大きな目標を目指してステップアップしていくわけです。

この〝スモールステップアップ方式〟には、たくさんのメリットがあります。

ひとつめは**「充実感をくり返せること」**。

高い山を登りきる感動は大きいでしょうが、それは一度限りのことです。小さな階段の場合、一段昇るたびに、またひとつ目標をクリアしたという充実感があり、徐々に昇りつめていくことで、感動が何度も味わえるのです。

ふたつめは**「目標を達成しやすいこと」**。高い山は簡単に登れないため、途中で挫折する可能性も。小さな目標の積み重ねは、苦手なことでも**ちょっと頑張ればクリアできるという挫折のリスク分散にもなります。**

最後に**「自信の相乗効果」**です。成功体験が多い人ほど自信にあふれ、実力を発揮しやすいものです。小さな階段で目標をクリアする体験を重ねるたびに、「自分はデキる」という自信がつき、最後まで昇りきるひと押しになります。

この本も第1章からステップアップ方式で、幸せの要素を身につけていくしくみ。心を満たされる感覚をくり返しながら、最後の練習まで到達できます。

幸せになる練習 08

「自分らしさ」を生かす

自分らしい「一字」を見つけよう

自分のイメージ、長所や個性を「漢字ひと文字」で表すとしたら、次のうちどれでしょう？ 選ばれた字の意味や印象から「自分らしさ」を考えていく練習です。

字の選び方

❶ 左の70個の漢字から、まず自身が思う「私を表す一字」を選びます。

❷ 周囲の親しい人たちに、同じく選んでもらいます。1人3つくらいが目安です。

❸ より多く重複して選ばれた字が「自分らしさ」を表します。とくに、自分が選んだ字と違う場合は、その字の意味などをよく考えましょう。

選ばれた字を
自分の強みにしましょう。
活用法は140ページで
説明します

左ページのシートをダウンロードできます⇒詳細8ページ

愛・優・慈・美・明・徳・真・直・正・律
学・喜・光・清・勇・楽・良・好・寛・豊
活・造・誠・忍・親・柔・公・導・礼・慮
慎・義・克・希・静・淑・大・高・陽・忠
賢・厳・英・満・善・向・進・智・情・厚
実・識・深・感・和・暖・信・輝・成・鋭
望・力・安・穏・努・常・継・精・確・爽

練習で選んだ漢字
どう使ったらいいの？

戒名のパワー漢字が自分らしさを示す「一字」になる

前ページの練習で、自分を象徴する漢字は見つかりましたか？

じつはあそこに選ばれている漢字は、戒名でもよく使われる漢字です。戒名の一字は、まさに「あなたらしさ」でつけられます。その方の人柄、好きだったもの、特長などをご家族に伺って、その方を表すぴったりの一字をお坊さんが選ぶわけです。

同じように、自分で選んだ一字にも「自分らしさ」が込められています。ぜひ、**自分の「パワー漢字」**として活用してみてください。

この章の最初に、自分の「強み」を生かすという話をしましたね（135ページ）。

練習で選んだ字は、それもあなたの「強み」のひとつです。

その字をじっと見つめ、意味を噛みしめてください。

自分のパワー漢字として、いつも使う手帳に書くこともいいでしょう。目にするたびに、その字が表す自分の強みを意識してください。

とくに、自分の強みがピンとこないという人は、身近な人に漢字の表を見せて「私の長所や個性を表す一字は？」と聞いてみることをおすすめします。

家族、友人、職場の仲間など、できるだけさまざまな立場の人に聞くと、選ばれる漢字も広がるでしょう。

自分らしさというのは、自分が一番わかっているようで、じつは一番わかっていないともいえます。

とくに「強み」は、他人の客観的な意見を聞くと、思いがけない長所が見つかるものです。自分では短所に思っていたことも、他者には好意的に映っていることだってあるでしょう。

その字が自分ではピンとこなかったとしても、「自分らしさ」として受けとめてください。自分の可能性が広がるはずです。

人生を変えるほどの
長所がない……

自分の強みを生かせば「できないこと」などない

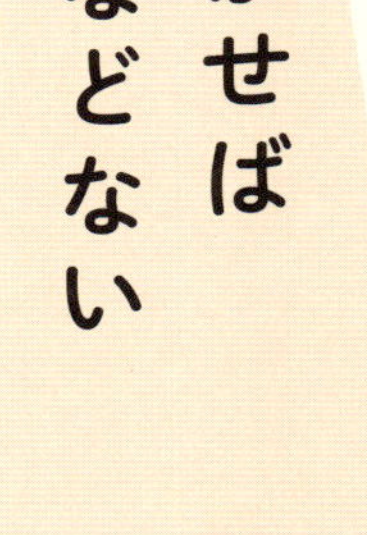

お釈迦様も弟子の「強み」を探し出すことに、非常に長けていたようです。仏典に、このようなエピソードが残っています。

お釈迦様の弟子のひとりに、チューラ・パンタカという方がいました。このお弟子さんは、とにかく頭が悪かったそうです。記憶力に乏しく、出家して修行を始めても、まったく偈文《げもん》が覚えられなかったそうです。偈文とは、仏の教えや仏、菩薩《ぼさつ》の徳をたたえるために、歌のような形式で述べたものです。

このチューラ・パンタカは、修行仲間たちからばかにされ、同じ修行僧の兄からも、いよいよ出家生活を辞めるように諭されます。きっとお兄さんは、自分の弟が恥ずかしかったのでしょう。

困り果てたチューラ・パンタカは、このまま出家生活を続けていいものか、それとも辞めて町に帰るべきかをお釈迦様に相談しました。

するとお釈迦様は次のように教えます。

「いいかい、チューラよ。これからは**この布を持って、掃除だけに専念しなさい。**そしてこの布で汚れを落とすときに、心の中で『汚れを払え』とだけ唱えなさい」

お釈迦様の言葉どおり、布を手にしたチューラは、いつも「汚れを払え」と念じて、ひたすら掃除に明け暮れました。

チューラは、記憶力が乏しく、偈文は覚えられませんでしたが、ものごとをやり遂げる「根気」、「愚直さ」は非常に強かったのです。

月日も経ったある日、チューラははっと気がつきます。

「この汚れを払うことこそが、修行なのだ。今、僕は僧堂の掃除をしているけれど、本当は心の汚れを落とすことが修行なんだな」と。

ものの汚れと同じように、心の汚れを落とすことが修行であることに気がつき、チューラはついに真理を悟ったのです。

このようにお釈迦様は、チューラの根気強さに注目し、その強みを伸ばすことによって、悟りが開けることをチューラに教えました。

さて、先ほどの練習で選んだ、自分の「パワー漢字」（140ページ）を覚えていますか？

例えば、「静」だった場合、おそらくあなたは思慮深く、冷静にものごとを考えることができる、研ぎ澄まされた精神の持ち主かもしれません。

いっぽうで、明るく活発な友人をうらやましく思っているかもしれません。

あなたの「静」は、強みです。チューラの「根気」にあたるでしょう。友人の明るさは、弱みです。チューラにとっての「記憶力」といえるでしょう。

自分の「強み」は、自身が幸せになる旅のパスポートのようなものです。

それを知り、集中的に伸ばしていけば、その先にはかならず、自分の心を満たす素晴らしい世界、新しい体験や出会いが待っているはずです。

勉強が得意なら、すでに社会人でも大学に入り直すという道もあるでしょう。やさしい性格なら、そのやさしさを人に分け与えられる場があるはずです。

弱みを克服することに苦心をするよりも、**ひたすら自分の「強み」を磨き、伸ばしていけば、誰にだって「不可能なこと」などありません。**頭の悪いチューラでさえ、悟りを開くことができたのですから。

ちなみに余談ですが、このチューラが亡くなった後、そのお墓から生えてきたのが茗荷《みょうが》といわれます。俗にいう「茗荷を食べると頭が悪くなる」という話は、頭の悪かったチューラのお墓から生えてきたからだといわれています。

しかし、それはまったくの俗信であって、実際に茗荷を食べても、頭が悪くなるなんてことはありません。

そのことは忘れて、茗荷を食べるときにはむしろ、自分の強みを伸ばし、とうとう悟りを開いた根気強いチューラのことを思い出してみてください。

そして、自分の強み、長所や得意なことを伸ばすことに、あらためて心を注いでみましょう。

強みを伸ばすとどんな幸せが得られる?

本来の自分を引き出す幸せのスパイラルを巻き起こそう

この章の最初に自分の「強み」は「自分らしさ」と話しました。日本人はとかく、自分の長所よりも、欠点のほうに意識を向けがちです。弱みは放っておいて、自分の強みを伸ばすことに、全力を注いでみましょう。自分らしさがどんどん引き出される**「幸せのスパイラル」**が起こります。

「強み」には、生まれ持った才能もあれば、努力して得た知識や技術もあるでしょう。自分が得意なこと、自慢できる特技なども立派な強みです。

じつは、自分の「強み」を発揮しているとき、**人は高揚感や至福感といった、湧き上がるようなエネルギーを感じられます。**他人から見ても、イキイキ、キラキラと輝いて見えるのです。

例えば、得意な仕事、苦手な仕事をしている自分を想像してみてください。どちらに活気やスピード感があり、サクサクと仕事をこなしているでしょう。

自分の強みを理解し、その強みを発揮すると**「これが本来の自分自身」という風格も出ます。**「どうだ」という、いわゆるドヤ顔です。

また、その強みを生かすための学習意欲も湧いてきます。

得意なことの勉強は、どんどん吸収でき、簡単に実践に移すこともできます。**「学習」→「実践」→「成功」という体験が増えると、どんどん自信がつき、さらに強みが磨かれていくのです。**

さらに、自分の強みを最大限に発揮し、活躍できる場所、得意なフィールドを意図的に選べるようにもなります。そこで良い結果を出すことで、さらに達成感が得られるのです。

これが「幸せのスパイラル」です。一度巻き起こせば、幸せのスケールもどんどん大きくなっていきます。欠点や苦手なことを克服するよりも、強みを伸ばすことに集中して、自分らしさを存分に発揮させましょう！

第5章

「感謝」を育てる

「ありがとう」は互いを幸せにする。

幸せと感謝は密接につながっていることを
多くの人は経験的に知っています。
日々、つい見過ごしている感謝に気づき
大切な人に感謝を伝える練習をしましょう。
最後の練習を終えたときに
思いがけない幸せな気持ちが心に広がります。

感謝でなぜ
幸せが大きくなるの？

感謝は互いの心を動かし温かな幸福感を生む

感謝が幸せを生むことは、何となくイメージで理解できるという人も多いでしょう。その理由をさまざまな角度から探ってみましょう。

ポジティブ心理学を第一線で研究されているソニア・リュボミアスキー博士は、幸福感を高める方法として**「感謝の日記」**を紹介しています。**感謝をすると、ネガティブな感情が薄れてポジティブになり、自信や自尊心が高まる**など、さまざまな心の変化があるといいます。

研究でも、被験者が「感謝の日記」を週1回×8週間書き続けた結果、**幸福感が書いているときも、さらに書き終えてからも数週間にわたって持続した**といいます。

実際に相手に面と向かって、言葉や態度で伝えたわけではありません。わずか2カ月足らず、日記帳に感謝を書きつづっただけで、幸せな気持ちがしばらく続くのですから、感謝が心にもたらす影響力にあらためて驚かされます。

また最近、注目されているのが、オキシトシンという脳内ホルモンです。出産時やスキンシップなどで分泌されることから、別名「愛情ホルモン」、「信頼ホルモン」とも呼ばれ、**このオキシトシンが分泌されると、幸福感が高まる**といわれています。感謝が幸福感を生むしくみにも、その関与が注目されているのです。

そもそも人から感謝をされて、不愉快になるという人は、ほとんどいないでしょう。誰もが生まれてからこれまで、家族をはじめ、周囲のさまざまな助けを受けながら生きてきたはずです。「ありがとう」という言葉をはじめ、数えきれないほどの感謝を人に伝え、また自分も感謝を受けてきたのではないでしょうか。

感謝にはさまざまな形がありますが、あらためて「ありがとう」という言葉を意識してみましょう。どのような印象を受けますか？

たった5文字で、これほどうれしい気持ちになり、心が温かくなる言葉は、ほかに見当たらないのではと思います。

感謝はそれを受けた人だけでなく、伝えた人の気持ちも幸せにします。

言葉の意味だけでなく、そこにはやはり心を動かし、人と人を深く結びつける力があるのでしょう。

日常生活で何気なく交わす「ありがとう」も、大切に心を込めていってみてください。なぜなら、同じ感謝の言葉でも、その状況や意識の傾け方などで、生まれる幸福感は変わります。

私の経験からご紹介しましょう。

以前から、母の日に比べ、父の日は扱いが軽いのではと感じていました。

幼稚園に通う長男も、母の日には手紙を書いたり似顔絵をプレゼントしたりと妻を喜ばせていたのですが、いっぽうでその年の父の日には何も用意していなかったようで、私はとてもがっかりしました。

その夜、息子を寝かしつけながら、ベッドの中でふと考えました。

「そもそも父の日は息子から感謝のプレゼントを贈られるものと、期待をするほうが間違っているのではないか。今、父親としての幸せを味わえるのは、息子のおかげなのだから、父の日は、父でいられることに感謝をしよう」と。

そう〝感謝の気持ち〟を込めて息子を抱きしめたとき、私は全身を包まれるような、温かな喜びと幸福感を覚えたのです。

今でもその温もりが手によみがえってくる、とても素晴らしい体験でした。

ちなみに、この話にはちょっとしたオチがあります。じつは、私が父の日を1週間、間違えていたのです。翌週の父の日には、めでたく息子からプレゼントを受け取ることができました！

感謝が幸福感を高めることは間違いありませんが、**感謝を向ける相手やそのときの状況、そして自分自身の心のあり方によっても、生じる幸福感の大きさは変わります。**より大きな幸福感に満たされる「感謝」を体験するために、たくさんの感謝を人に伝えていくことが大切です。

感謝を増やすには
どうすればいい？

毎日の中にたくさんある感謝の種を集めよう

ここで、「感謝の日記」を応用して、日常の感謝を見つける練習をしてみましょう。

週1回、書くだけと簡単ですが、ここに重要な目的が隠されています。それは、1週間を振り返って、思い出さなければならないということです。この日記を習慣にすると、あなたの日常生活は劇的に変化します。**何となく過ごしている日常にも、じつは感謝できることがたくさんある**と気づけるようになります。日々の感謝を探すことで、人から向けられた「思いやり」にも気づけるでしょう。気づいたときにメモをとっておくのもいいですね。うれしいこと、ありがとうと伝えたいことが積み重なり、日常が幸福感でいっぱいになります。

幸せになる練習 09

「感謝」を育てる

感謝の日記で幸せを実感しよう

日常にたくさんの感謝があることに気づく練習です。週に1回、その週にあった感謝したいことを書くだけ。簡単なので、習慣にしてください。

用意するもの ノート・ペン

日記の書き方

1週間に1回、7日間の出来事を振り返り、「感謝したいこと」を5つ書きます。感謝の大きさは問いません。ささいなことでも日常の感謝を心にとめて、毎週書くことが肝心です。

例文

①友人にハワイのお土産をもらった
②先輩のアドバイスでプレゼンがうまくいった
③お給料が上がった！
④母がお弁当を作ってくれた
⑤風邪が治って、ウォーキングに行けた

毎日でなく、週1回が感謝を心で大きく育てるポイントです

なかなか感謝する
ことが見つからない

「当たり前」のフィルターを外すと日常への感謝が生まれる

ここでクイズです。

Q「ありがとう」の反対の意味の言葉は何でしょう?


ヒントを出しましょう。「ありがとう」を漢字で書いてみてください。

すると「有難う」となります。

その漢字の反対の漢字を入れてみましょう。

すると「有易う」となります。しかし、こんな言葉はありませんよね。では、その意味をじっくり考えてみましょう。「有ることが易しい」という意味の言葉です。そこに存在するのが、たやすいということですね。つまり……。

そう、**「ありがとう」の反対語は「当たり前」**なのです。

私は、インドが好きで、これまで何度も足を運びました。もちろん、目的はブッダであるお釈迦様の聖地巡礼ですが、インドでは宗教的な学びだけではなく、さまざまな気づきの経験をすることができます。

とくに仏跡がある地域は、インドの中でも、とりわけ貧困率が高い地域です。旅費を抑えるために安いゲストハウスに泊まるのですが、毎回どこかしら壊れています。とくに、シャワーのお湯は貴重です。少し割高なゲストハウスでお湯が出たとしても、熱湯だったり急に冷水が出たりと、油断できません。

たったそれだけのことですが、日本に帰ると、簡単に蛇口をひねればお湯が出ることに感動します。なんて「有難い」のだろうと。

日本にいると、何でもあることが「当たり前」になってしまっています。しかし、一歩世界に出ると……。

私たちが当たり前と思っていることは、本当は奇跡的に貴重なことなのです。

お釈迦様の言葉に**「人の生を受けるは有難し」**というものがあります。この世に生まれてきたことこそ、相当に貴重なことだという教えです。

以前、戦争を経験された高齢者を対象にした「生涯で一番おいしいと思ったものは？」とたずねたアンケートを目にしました。

おそらく「アイスクリーム」や「チョコレート」あたりだろうと予想をして、アンケート結果を読み進めていきました。冷凍庫がない時代も経験した世代ですから、やはりアイスクリームはランクイン。同じように、舶来品の貴重なバナナやチョコレートもランクインをしていました。

しかし、断トツの第1位は、予想もしない意外なものでした。

答えは**「白いご飯」**です。

戦時中の食糧難を経験されていることを思えば、納得はできます。

しかし、現代を生きる私たちにとっては、どうでしょう。

白いご飯に日々感動し、感謝をしているでしょうか。今の私たちに白いご飯は、もはや「当たり前」のものになっていますよね。

日本では、水道の蛇口をひねれば、澄んだ水が出ます。世界的に見れば、それは**「有難い＝貴重なこと」**なのです。

青空を見上げて、おいしい空気を吸い込むことができるのも、大気汚染が深刻な国に住む人から見れば、なんと「有難い」ことでしょう。

「当たり前」と思う心は、私たちの感謝の気持ちをはばみ、充足感や満足感を薄れさせます。

「当たり前」と思うフィルターを外しましょう。

当たり前という思い込みで見過ごしている「有難いこと」は、私たちの日常に無数にあるのです。

ちなみに「有難い」は、そもそも仏教用語で「人としてあることは難しい」ということを表しています。「ありがとう」は日本にはなかった言葉なんですね。

「当たり前」と思わずに見回すと、住環境、食べもの、家族や周囲の人の存在など、見慣れたあらゆるものが「有難いこと」と気づきます。日常により多くの感謝が生まれ、さまざまなものから感動を得ることができるはずです。

感謝は声に出して
伝えたほうがいい？

「すみません」を「ありがとう」に置き換えよう

「ありがとう」というきっかけを増やすコツをご紹介しましょう。

例えば、日本語が話せない外国人の友達が「便利な日本語をひとつだけ教えて欲しい」といってきたら、あなたなら何を教えますか？

ちょっと現実的ではないかもしれませんが、たったひとつだけの日本語です。

利便性でいえば、一番は**「すみません」**ではないでしょうか。

「すみません」は、いろいろな意味で使える便利な言葉です。

謝るとき、人に声をかけるとき、何かを頼むとき、そしてお礼がわりにも、よく使いますよね。

少し考えただけでもたくさんの意味が出てきますが、その便利さに甘えて、私たちは何でも「すみません」ですませてしまうことが多くあります。

例えば、高い棚のファイルを背の高い先輩社員が取ってくれました。

「あ、すみません！」

エレベーターで見知らぬ人が「何階ですか？」とたずねてくれました。

「すみません、５階です」

常連のワインバーで、おつまみを1品サービスしてくれました。

「いつもすみませ〜ん」

しかし、ここで立ちどまって、**この「すみません」をすべて「ありがとう」に置き換えて読んでみましょう。**ちょっと気持ちが変わりませんか？

お礼や恐縮といった意味で使う「すみません」は、これからはすべて「ありがとう」に置き換えてみてください。**かならず、変化が起こります。**

感謝の言葉は、実際に声に出して相手に伝えるほうが効果的です。自分が感謝を示していることも意識できるでしょう。

「すみません」を意識的に置き換える習慣、ぜひ実践してみてください。

日常の感謝の言葉って
ほかにもある?

五観の偈で「いただきます」に心を込める

「いただきます」も食事への感謝の言葉です。

最近、この「いただきます」を子どもにいわせないようにする親がいると聞きました。ある幼稚園の保護者たちが、給食費を支払っているのに、幼稚園側が「いただきます」を園児に強要するのはおかしいと文句をつけたそうです。

耳を疑うような、ばかげたことです。そもそも、給食費を支払ったから「いただきます」をいわなくてもいいという言い分に、根拠があるのでしょうか。

「いただきます」とは「命をいただく」という意味です。

お皿の上の魚は焼かれて死んでしまっているから、その魚には命がないという議論ではありません。肉や魚以外にも、野菜やお米にも命があります。

その命に対して、感謝をしながら、私たちの命に換えさせていただくことが「いただきます」の意味です。

私たちお坊さんは、食事をいただくときに「食作法《じきさほう》」というものを行ってから食べます。この食作法のなかで**「五観《ごかん》の偈《げ》」**という修行の言葉を唱えます。

「いただきます」の参考に、ご紹介しておきましょう。

一、この食事がどうしてできたかを考え、食事が整うまでのすべての働きに感謝をいたします。
二、自分の行いが、この食事をいただくに値するものであるか反省します。
三、心を正しく保ち、誤った行いを避けるために、貪欲や怒りや愚痴などの三つの過ちを持たないことを誓います。
四、食とは良薬になるものであり、身体を養い、正しい健康を得るためにいただきます。
五、今この食事をいただくのは、己の道を成し遂げるためです。

この「五観の偈」のうち、**一番の感謝の言葉**が大切です。

食事が整うまでの多くの人々の働きには「食卓に並ぶまでのすべて」が含まれます。人間の手だけではなく、太陽や雨などの自然の恵みも欠かすことができない大切な要素です。

種が大地にまかれ、太陽や雨や土が必要な養分を与え、人が手を加えて収穫を迎えました。それが、人の手をかけて運送され、スーパーに陳列され、それを自分たちは買って、調理されて**「今、ここ」**にあるということです。

食事は生命を維持するものであり、生きる楽しみをくれます。

食べものから命をもらい、人の手がかけられ、自分が健やかに命をつないでいけます。そういった**すべてのものに向けて「感謝」をする**という意味です。

ご飯に心を寄せる練習（40ページ）を覚えていますか？　たったひとつまみのご飯でも深く味わえば、深い満足を得ることができたと思います。

つまり、**目の前の食事に「いただきます」と心を寄せ、深く知り、味わう**ことで、より大きな感謝を感じることができます。

日々、食事ができることは**「当たり前」**のことではないのです。

自分がお金を支払って得たのだから、感謝する必要がないという最初の話は、この「当たり前」の最たるものでしょう。

飽食の時代といわれて久しいこの頃ですが、このような「感謝」の食事の仕方は、自分自身の健康にも有効です。

第1章で紹介したマインドフルネスの食べる瞑想で、摂食障害や過食のリスクが軽減されるという報告もあるほどです。どんなに忙しい人でも、1日に数回は食事をとりますから、ぜひ「いただきます」で食事に心を寄せる習慣を日常に取り入れてみてください。

「五観の偈」は覚えきれなければ、一番の感謝を意識してみましょう。

習慣化している「いただきます」の言葉に、この食事から命をいただくという感謝の気持ちを込めて口にしてみてください。

心を寄せて味わうと、かならず、その食事が何倍にもおいしくなりますよ。

おいしいとしみじみ感じることで、さらに食事への感謝が深まっていきます。

感謝で生まれる幸福感
もっと実感したい！

感謝を相手に伝えてこそ大きな幸福感が湧き起こる

次の練習ではハガキを使って、周囲の人に感謝を伝えます。まずは親しい友人や知人に、これまでの感謝の気持ちを言葉にして伝えましょう。

とくに身内と呼べるほど親しい、**あらたまって感謝を伝えたことのない相手**ほど効果バツグンです。あえて、感謝のサプライズを送るのです。「当たり前」のフィルター（156ページ）を外して、心からの感謝を伝えてください。

突然、送るのがどうしても恥ずかしい場合は、仲良しグループなどに声をかけて、互いに送り合うのがおすすめです。幸せのいい循環が生まれますよ。

感謝を相手に伝えると、自分自身がより深い幸福感に満たされます。

まずは、体験してみましょう。

幸せになる練習
10

「感謝」を育てる
サプライズカードで感謝を伝えよう

親しい友人や知人に、これまでの感謝を書いて送ります。気恥ずかしいかもしれませんが自分の言葉で、心からの感謝を伝えましょう。

用意するもの ハガキ・ペン

ハガキの書き方

相手に今、感謝したいことを素直に書きます。「いつもありがとう」などの漠然とした言葉ではなく、相手のどんな点に感謝をしているのか、気持ちやエピソードとともに書きましょう。

例文

あなたがいてくれてよかった。
面と向かうといえないけれど、そう思うことが
本当にたくさんあるって、気づきました。
例えば……《中略》……
今、あなたに伝えたい感謝の気持ちです。
来月の旅行も楽しみにしてます。

書き方は自由。
思いがけない相手への
感謝に気づけますよ

感謝をハガキで伝える練習、いかがでしたでしょうか？　受け取った相手は、突然のメッセージにびっくりするでしょうが、うれしく感じたはずです。

そして、あなた自身、**ハガキを書く前には想像もしていなかった、温かい感情が引き出されること**を実感できたのではないでしょうか。

「感謝」は相手に伝えることで、相手の心にもプラスのいい影響を与えます。今度は、相手からもあなたに対して、温かい反応が寄せられるでしょう。

感謝は、幸せのよい関係を循環的につくり出すこともできるのです。

先に実践した「感謝の日記」（155ページ）は、自分の中の感謝を育てます。

しかし、感謝はその対象があってのことです。感謝を相手に伝えることで、より深い幸福感を感じることができると、心理学でも報告されています。

そして、受け取った相手の心にも「うれしい」「感謝されるようなことを相手にできてよかった」という幸せな気持ちが湧いてきます。

練習前に**「相手は親しい人がいい」**と話しましたね。親しい間柄こそ、感謝をすることがたくさんあるはずなのに、つい**「当たり前」**と思いがちなのです。

このように、日常の人とのコミュニケーションにも、単なるマナーではなく、自分らしい言葉で感謝を伝えていきましょう。**周囲の人間関係の幸せも、格段に上がっていきます。**私の友人のひとりは、名刺交換をした相手に、かならず挨拶のハガキを書くそうです。けっして長い文章ではなく、相手に出会えた感謝を伝えるとか。そんな彼には、次から次へと仕事の依頼が舞い込んできます。仕事でもこうした感謝のハガキで、幸せの循環をつくってください。

さていよいよ、次は**最後の練習**です。手紙を書きますが、**この練習で、あなたが感じたことは、あなたの幸せそのものです。**

書く前は、とまどいや複雑な気持ちがするでしょう。でも、これは**かならず、最後に体験していただきたい「幸せになる練習」の仕上げ**です。

書き終えたら、自分の気持ちをていねいに観察してみてください。

どんな気持ちが湧き起こるでしょう?

勇気を出して「今の自分の幸せ」を感じてください。

幸せになる練習 11

「感謝」を育てる

親や恩人に「感謝の手紙」を書こう

母親、父親、あるいは恩人に感謝を伝えます。感謝とともに、普段は気づかない自分の心にある幸福を実感しましょう。幸せになる最後の練習として、かならず実践してください。

用意するもの 便せん・ペン

手紙の書き方

母の日、父の日のような謝辞ではなく、普段はいえない自分の気持ちを伝えます。

これまでの人生を振り返り、その親や恩人から自分がしてもらったことで「これだけは伝えたい」と思う〝特別〟な出来事について感謝を書くといいでしょう。

そのまま手紙として投函してもいいのですが、勇気を出して、本人の前で声に出して読み上げると最大級の効果が得られます。

書くとき、それを伝えるときに思いがけない感情が湧き起こります。自身で体験して幸せを感じてください

お母さんへ

僕が人生の進路に立ち止まったときのことです。
自分は、中学を卒業した後に、高校へは進学しない
という選択肢を選びました。
前代未聞のこの選択は、さぞかしお母さんを不安に
させたのではないかと今、述懐しています。
それでも顔色ひとつ変えずに、自分の選択を
支持してくれたことが、どれだけ大変なことかと
今、一男一女の父になって感じています。
そのときのお母さんの気持ちを鑑みると、どんなに
大変なことだったかと。
そして、その立ち止まる時間がなければ、
今の自分はなかったと思います。
思春期の多感な時期に、一度、人生に立ちどまる
時間を与えてくれてありがとう。

広法

＼ 1日の中で実践! ／

幸せになる練習メニュー

人に会うときは

その日、会う人を思い浮かべて**共感力**をアップ。「あの人」を思う練習（110ページ）を参考に、思いやりを深めて。

「ありがとう」で目覚めよう

そもそも「有り難い」は、存在することが貴重であるという意味です。「今日も有り難い」と感謝の気持ちで1日をスタートしましょう。

朝

マインドフルネス瞑想で心を整える

バタバタしがちな朝こそ、**マインドフルネス瞑想**を習慣に。5分の早起きで、充実感のある幸せな1日に。⇒56ページ〜

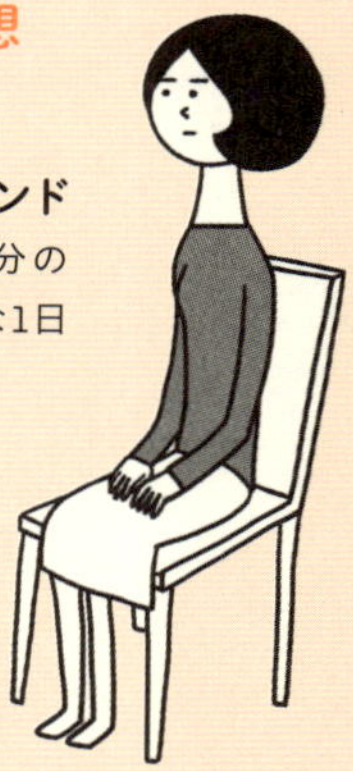

朝食に心を寄せて「いただきます」

1日の最初に食べものから命をいただき、感謝を。**ご飯に心を寄せる練習**を思い出し、ひと口ずつ味わって、心と体に栄養をしみ込ませましょう。⇒40・162ページ

日記や手紙で感謝の棚おろしを

週1回、感謝の日記を書くことを習慣に。親しい人、大切な人への感謝のメッセージも、時間を見つけては書き、自分に今ある幸せを実感しましょう。⇒155・167・170ページ

お散歩瞑想を習慣にしよう

時間があればお気に入りの公園で、外出のときは移動中や休憩時間に、**心にありのままラベルを貼るお散歩瞑想**を取り入れましょう。⇒86ページ

夜

1日の終わりに幸せを祈る

自分と自分を取り巻くすべてに慈悲の瞑想を。「今日もお疲れ様」と思いやりと感謝の気持ちを高めて、ベッドに入りましょう。⇒127ページ～

ひとりの夕食では

テレビはスイッチオフ。朝食よりもさらにゆっくり「いただきます」とともに、心を寄せて夕食を味わいましょう。

昼

失敗したときは

3人の自分のトーク（122ページ）を役立てて。自分を思いやることで落ち込まずにすみ、原因も明らかになってスッキリ。

仕事の合間に

携帯電話のアラームなどを利用して、1分間ほどの短い**マインドフルネス瞑想**（56ページ～）を。仕事の効率アップにもおすすめ。

最終章

「幸せの先」にあるものに気づく

幸せをつくるのは
自分自身。

幸せの練習をひととおり終えて
今ある幸せに、どれくらい気づいたでしょうか。
実感がない人も、ここであらためて
自分にとっての幸せを考えてみてください。
そして、今ある幸せをより大きく育てて
未来の幸せへとつなげていきましょう。

幸せが増えているのか
よくわからない……

幸せに気づいて感じることが未来の幸せをつくる

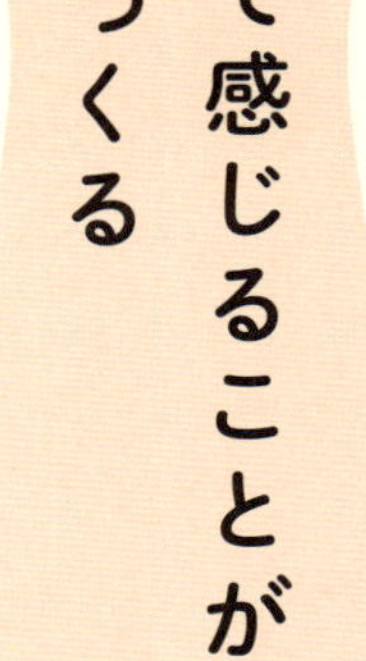

前章で、幸せになる練習の最後に、大切な人に手紙を書きましたね。その理由について、あらためてお話ししておきましょう。

幸せには「短期的幸せ」と「持続的幸せ」がある（20ページ）と、この本の最初に説明しました。人から受けた恩や愛情は、本来、長く持続する幸せの要素でしょう。ところが、相手が親しい人、身近な人であるほど、当たり前というフィルターがかかって、自分がもらった幸せを忘れてしまいます。短期的幸せと同然になってしまうのです。

ただし、その出来事の記憶は、ちゃんと心の奥に残っているものです。大切な人に手紙を書く練習は、相手に感謝を伝えることで、その記憶を引き出し、

相手からこれまでもらってきた「幸せ」を思い出すことが目的なのです。実際に手紙を書きながら、すっかり忘れていた、幸せな記憶がよみがえったのではないでしょうか。書き進めるうちに、あんなこともあった、こんなこともあったと、どんどん記憶が引き出され、切ないような温かい感謝の気持ちが込み上げてくる感覚を少なからず感じたのではないかと思います。

自分ではなく、他者を中心として思い出を振り返ることは、**心理的に自分の心情を俯瞰で見ることができる**というメリットがあります。

また、親や恩人への手紙の書き方で「特別な出来事について感謝を書く」と説明しましたが、これはひとつの出来事にしっかりと焦点を当てるほうが、幸せな記憶や感情がはっきりとよみがえるためです。

人はこうなりたい、ああなりたいと未来の幸せを思い描きがちですが、幸せに心を満たされる感覚は**「今、自分の中にある幸せ」に気づき、それを深く感じること**で起こります。

家族をはじめ、自分の側にいてくれた人は、今の自分の幸せにとって、大きな存在なのではないでしょうか。

人によっては、家族や親しい人に対して、ネガティブな記憶や感情を持つケースもあるかもしれません。それでも、生んでくれたこと、出会ったときの喜びなど、感謝できる一瞬があれば、そこに焦点を当てることが大切です。それは、自分の幸せには違いないでしょう。

第1章からそれぞれの練習をくり返すと、それまで日常で見過ごしていた幸せに気づくことができるようになります。そして、最後の練習で、過去に忘れていた幸せにも気づいたことと思います。

この本で気づいた幸せは、ほとんどが「持続的幸せ」です。

お金や仕事の出世といった短期的幸せに比べ、持続的幸せは目に見えにくいものですが、**自分自身が気づけば、しっかりと心に長くとどまって、心を幸せで満たしていきます。**

おさらいとして、幸せになるための5つのテーマと、それぞれの練習で得られる成果を振り返っておきましょう。

①心を「今」ここに寄せる　⇓今ある幸せに気づく心の土台をつくる。
②「ありのまま」を見る　⇓思い込みを正し、幸せに気づく目を養う。
③「思いやり」を深める　⇓良好な人間関係と幸せの循環をつくる。
④「自分らしさ」を生かす　⇓自分をよく知り、幸せに生かす。
⑤「感謝」を育てる　⇓感謝を通して、自分の幸せに気づく。

練習をくり返すほど、すべてがつながり、これまでと同じ日常でも、幸せを感じることがどんどん増えていきます。幸せをわざわざ探さなくても、**幸せを感じる思考や行動が、習慣化して身につく**ともいえるでしょう。

持続的な幸せがたくさん集まると、その先の未来まで、いつも心は幸せに満たされた状態になります。

まず「今、自分にある幸せ」に気づき、充実させることから、未来の幸せが豊かになっていくことを忘れないでください。

つらい出来事が
頭を離れない

幸せを知るとき人は強くなる

「心が折れる」という表現をたびたび耳にするようになりました。ちょっとした苦労から、落ち込んで立ち上がれないときまで、使い方はさまざまですが、いずれにせよ、心が弱って折れた状態では、幸せを感じることは難しいかもしれません。

現代は競争社会ともいわれて久しいですが、人と競うときにプレッシャーはつきものです。競争社会では、基本的に人はシングルプレイヤーとして働くため、孤立した状態に陥りやすくもなります。

そこで最近、「レジリエンス」という言葉が注目されています。「逆境力」「回復力」といった意味で使われています。

このレジリエンスの研究は、ナチス・ドイツによる大量虐殺、ホロコーストで生き残った人々への調査から、その概念が見えてきたといわれています。生還後、社会で成功している人もいれば、逆に抑圧されたトラウマから脱け出せずに苦しむ人もいました。その両者の比較から生まれたのが、レジリエンスという考え方です。

現代も人が生きにくい時代です。不当ないやがらせや差別を受けたり、苦労や困難に直面することは、社会人であれば数多くあります。

そんなときに艱難辛苦《かんなんしんく》に打ちひしがれず、逆境から立ち直る力をつけることが重要視されてきたわけです。

このレジリエンスを養うためにも、幸せになる練習が役立ってきます。

苦しい、つらい体験から立ち直るには、過去の出来事を再認識することが必要と心理学では考えられています。苦しい、つらい体験を思い出すときに、全体的なイメージとしてとらえていては、なかなか立ち直ることができません。その体験の中から「つらいと感じても仕方がないこと」「自分自身のつらさととらえる必要がないこと」を仕分けし、過去の出来事を再認識することで、立ち直る可能性が見えてきます。

これは、**過去の出来事を「ありのまま」に見ること**といえます。事実にラベルを貼るという練習（86ページ）をしましたよね。自分に起こった出来事を客観的に見て、事実のみをとらえることは、心から離れないネガティブな感情の整理や消去に役立つのです。

また、自分ひとりでは解消できない、つらい体験から立ち直るとき、困難な状況を切り抜けるときには、人の思いやりや情けが大きな支えになります。

周囲の人にいつも思いやりを向け、感謝をして、良好な人間関係を築き上げることは、自分が苦難の状況に陥ったときに、孤立を避け、助けの手が差し出されやすい状況をつくることになります。

観点を変えると、**幸せになる練習は、心の強さを身につける練習**ともいえるでしょう。

もちろん、この強さとは、人を攻撃したり、競争に勝つ力ではありません。

いうなれば、**自分自身の幸せな人生をまっとうする強さ**です。

今をしっかりと生き、ありのままに見つめ、周囲と支え合えれば、つらい出来事に遭遇しても、ひとつの経験ととらえることもできるでしょう。幸せを感じることは、心を柔軟にし、余裕をつくります。必要以上に傷つかない、動じない心の強さも生まれるでしょう。

ある仏典に「戦場において、数千の敵に勝つよりも、自己に勝つ者こそ、最上の戦士なり」という言葉があります。大げさかもしれませんが、あなたの人生という冒険の主人公は、あなた自身です。

自分にとっての幸せを知り、自分ができることを知れば、外からの攻撃や圧力に心をつぶされない、レジリエンスも育ちます。

どんなにつらい困難な出来事が起こっても、そこから立ち直ることができれば、その先には幸せが待っています。

日々、幸せを感じながら練習をくり返して、未来の幸せへの自信をつけていきましょう。

それでもやはり
お金持ちになりたい

自分の心の中に幸せの「戒」をつくろう

幸せになる練習を始める前に、自分が思っている幸せについてノートなどに書きとめておき、最後に答え合わせをしてくださいと話しました（23ページ）。いよいよここで、今、自分が思う幸せ、目指す幸せを書き出してみましょう。最初と比べて、内容は変わりましたか？

「それでもやはり、お金持ちになりたい、高い地位が欲しい、人がうらやむような結婚がしたい」など、飲んでもすぐに喉が渇く「塩水の幸せ」、つまり短期的な幸せを求める人も、なかにはいるかもしれませんね。

そうなると、幸せになる練習は、もはや**「幸せになる修行」**です。練習をくり返して、心が満たされる感覚をより深く知ることですが、このときぜひ、自分の心に**「戒《かい》」**を持ってのぞんでください。

「戒」とは、わかりやすくいえばルールです。これは、仏教の修行の基本となる三学「持戒《じかい》・禅定《ぜんじょう》・智慧《ちえ》」のひとつで、「禅定」とは雑念をはらい、心をひとつに寄せる境地。つまり、第1章のマインドフルネス瞑想ですね。最初に戒を守ることで、禅定を得られ、それによりものごとの真実を知る「智慧」に至ります。

幸せになる「戒」を持つには、まず、自分なりのスタイルやスケジュールを決めて、練習を日常の習慣にすることです。この本の必要と思う箇所からオプションの練習を考えたり、言葉を書き出すなど、工夫をすることもよいでしょう。自分に合った「戒」を守って、実践してみてください。

お金や成功、理想の結婚などが、悪いのではありません。ただ、**それを一番に追求する限り、幸せへの欲求は尽きず、満足を知ることができません。**幸せは自分でつくるものであり、自分を幸せにできるのは自分自身です。〝目からウロコ〟を楽しみに「戒」で、幸せになる力をレベルアップさせてください。

また、ときに「諦めること」も、自分を幸せにするひとつの方法です。

高い目標や理想を掲げることは悪いことではありませんが、実現できなかったときに、それは自分の努力が足りないためで、簡単に諦めるべきではないと考えて苦しむ人も多くいます。

ただひたすら、現実に耐え忍びながら「いつか」と、目標や理想を追い続けることになってしまいます。マラソンのように、ゴールが決まっていればいいのですが、なかなか人生はそうは単純にはできていません。

そこで重要になるのが「諦めること」です。挫折や負けととらえる人もいますが、状況によっては、**潔く諦める＝自分にとって何が大切なのかを見極めること**と考えられます。

自分にとって、それが困難であると判断した場合は、諦めてしまっていいのです。そして、重要なのはここで、けっして諦めた自分を責めないことです。「慈悲の自分」を見つける練習（122ページ）を思い出してください。自分を責めることは、非常にたやすいことです。ときに自らにも慈しみの心をもって

「容認する」ことが、幸せにつながることを覚えておいてください。

完璧な幸せなどありません。**人生は未完のままでも、かまわない**のです。

仏教には菩薩《ぼさつ》という存在があります。親しいところでいえば、観音様、お地蔵様が、代表的な菩薩です。

仏教とは「悟り」を開くことですが、菩薩は意図的に、悟りを開いていません。もちろん、将来的には悟りを開いて仏になることが約束されているのですが、今はあえて、悟りを開いていません。いい換えれば、観音様もお地蔵様も未完成のままでいます。菩薩は慈悲の行いとして、いつも私たちの側にいて、人々を救済するために、悟りという完成を延期しておられるのです。

それは悟りというゴールを目指さずに、あえて、その過程にいることが目的であることも示しています。

幸せを人生のゴールにすると、ときに生きる目的を見失います。**幸せは人生の過程にあり、今、そのときの幸せを充実させていくことが大切**なのです。それが、人生そのものを充実させることにつながります。

より大きな
幸せを得るには?

人はひとりでは幸せになれない

菩薩《ぼさつ》の目的は、悟りを完成させることではなく、人を助けることと説明しましたよね。これは、私たちにも、同様に当てはまることだと思います。

人が最も幸せを感じるのは、自分よりもむしろ「人のために何かをするとき」ではないでしょうか。仏教では、これを利他行《りたぎょう》といいます。先に述べた**「自利利他《じりりた》」**（116ページ）の後ろの部分、自分が得た利得を他者のために使うことです。

これは、人類の進化とも密接な関係があります。人類には私たちホモサピエンスとともに、ネアンデルタール人という種族もいました。ネアンデルタール人は絶滅しましたが、ホモサピエンスよりも、はるかに屈強だったことがわ

かっています。そこで、非力な私たちが生き残るために選んだ手段が「協力」でした。仲間との協力で、幾多の困難を克服して生き残ってきたのです。

また、人は協力行為を行うとき、脳内にβ－エンドルフィンという快楽物質が分泌されることもわかっています。

人のために何かをして、役に立ったり、喜ばれたときに、誰もが少なからず「うれしい」「誇らしい」といった、心が満たされる興奮を味わいます。そして「ありがとう」と心から感謝されるときに、自分にとって苦労や犠牲があったとしても、「よかった」という満足感を得られるのです。

まず自分が利を得て、他者にそれを与える「自利利他」は、どちらも等しくあるべきと仏教では考えられています。

幸せは自分でつくれるものですが、ひとりだけで得られる幸せには限りがあります。**得たものを人のために使い、周囲との支え合いや感謝があって、その幸せが大きく育ち、循環していきます。**自利利他という言葉を思い出しながら、これからも自分の幸せをますます大きく、育てていってください。

おわりに

私自身、今もって幸せの探求者ですが、そのきっかけを最後にお話しさせていただきます。ある時期、私は僧侶仲間から「死神」と呼ばれていました。まったく不謹慎な話ですが、当時は、そう呼ばれても仕方がないと思いました。

理由は相次ぐ、大切な友人との死別です。最初は大学時代の夏です。後輩の女性が電車にひかれて亡くなり、その半年後、僧侶の養成道場で同室だった友人を雪山の遭難で亡くしました。しばらくして、今度は幼なじみの訃報が届き、彼がずいぶんと悩んでいたことを後で知って、後悔の念が絶えず苦しみました。

まもなく東日本大震災が起こり、人間の無力さにがく然とするなか、その年、かけがえのない女性の友人をガンで亡くし、そのひと月後に、親友中の親友が突然死をしました。しかも、彼は新婚だったのです。

無念のひとことでした。悲しみに打ちひしがれ、不条理に苦しみ、自分の死におびえるようにもなりました。生きることに絶望を感じていたのです。

私はあらためて、仏教に救いを求めました。いつも身近にあった浄土の教えが、心の闇に光を与えることを、わが身をもって知りました。

私が救われた南無阿弥陀仏《なむあみだぶつ》の教えは、簡単でありながら、その信心を得ることがとても難しいものです。苦しみを抱える多くの人に、よりやさしく、納得してもらいやすい仏教の入り口はないものかと、自分なりに模索し始めました。

そんなときに出会ったのが、世界中の幸せな人々へのインタビューを通じ、幸せに生きるヒントを伝える活動をしていた、清水ハン栄治氏です。氏から学び、受け継いだ「ハピネス・トレーニング」というワークショップで、幸せになる実践から、仏教の教えを体験してもらえることを確信しました。

人生には曇りの日、雨の日、ときには嵐の日もありますが、日々、心が幸せで満たされていれば、それもまた人生と納得できるものです。

この本で、仏教が指し示す幸せを、まず心で感じていただけたら本望です。

そのきっかけをくださった、すべての方に感謝を捧げるとともに、読者の皆様が幸せであることを、心より願っております。

井上広法

井上広法　いのうえ・こうぼう

1979年宇都宮市生まれ。浄土宗光琳寺（栃木県宇都宮市）副住職、一男一女の父。佛教大学で浄土学を専攻後、東京学芸大学で臨床心理学を専攻。グリーフケアの観点から「遺族における法事の心理的役割の検討」を執筆。東日本大震災を契機に、お坊さんが答えるQ&Aサービス「hasunoha」を立ち上げる。ポジティブ心理学の知見を参考にしたワークショップ「お坊さんのハピネス・トレーニング」を毎月開催（寺子屋ブッダ）。「お坊さんバラエティ　ぶっちゃけ寺」（テレビ朝日系）をはじめ、テレビやラジオにも多数出演中。

寺子屋ブッダ　http://www.tera-buddha.net/

hasunoha（ハスノハ）　http://hasunoha.jp/

[参考文献]

●『幸せのメカニズム 実践・幸福学入門』前野隆司／著（講談社現代新書）　●『「幸せ」について知っておきたい5つのこと NHK「幸福学」白熱教室』NHK「幸福学」白熱教室　制作班ほか／共著（KADOKAWA）　●『ポジティブ心理学の挑戦 "幸福"から"持続的幸福"へ』マーティン・セリグマン／著（ディスカヴァー・トゥエンティワン）　●『世界でひとつだけの幸せ―ポジティブ心理学が教えてくれる満ち足りた人生』マーティン セリグマン／著（アスペクト）　●『リュボミアスキー教授の 人生を「幸せ」に変える10の科学的な方法』ソニア・リュボミアスキー／著（日本実業出版社）　●『セルフ・コンパッション―あるがままの自分を受け入れる』クリスティーン・ネフ／著（金剛出版）　●『マインドフルネスストレス低減法』ジョン・カバットジン／著（北大路書房）

[STAFF]

イラスト	伊藤美樹
デザイン	小口翔平＋三森健太（tobufune）
撮影	高野広美
編集	山﨑さちこ（シェルト*ゴ）
	島田ゆかり
音声編集	巧芸創作

心理学を学んだお坊さんの
幸せに満たされる練習

著　者	井上広法
発行者	永岡純一
発行所	株式会社永岡書店
	〒176-8518 東京都練馬区豊玉上1-7-14
	電話　03(3992)5155（代表）
	03(3992)7191（編集）
DTP	編集室クルー
印刷	精文堂印刷
製本	ヤマナカ製本

ISBN　978-4-522-43434-5　C2076　①